宝物を育てる
お母さんと悩み多き
中高生のみなさんへ

東 英明
AZUMA Hideaki

文芸社

まえがき

▼中高生のみなさんへ▲

この本は、中学、高校生の多感な時代の君たちに日常的に起こってくる悩みをどう受け止め、どう考えたらいいのかということを一緒に考えようと思って書いている本です。

この年代の君たちは、次々起こる問題で悩んだり苦しんだりします。悩んだ分だけ成長し、苦しんだ分だけ人間として大きくなります。君たちの成長は、悩みの量と苦しみの大きさに比例します。悩みを乗り越えたあとは必ず成長していると確信し、日常的に起こる悩みを決して恐れることはありません。

どの年代でも人間である以上悩みがあるのは当たり前です。

悩みとは天から人間にだけ与えられた特別訓練のメニューです。メニューの中身は人によって違いがあります。人類の進歩発展は、この悩みが出発点であり、原動力でもあったのです。

この悩みは君たちが逃げている間は何も解決しません。悪くなることはあっても良くなることはありません。悩みが出てきたら成長のチャンスととらえ、「自分の意志と行動と勇気で乗り越えるぞ」という決意をすれば、その時点で解決するための第一歩を踏み出したことになります。その決意が強ければ強いほど、太陽に照らされて溶けていく氷のように悩みが消えていくのです。君たちの決意の強弱が夏の太陽と冬の太陽ほどの差になって現れます。

悩みが消えていくと、やがてそれは希望に変わり、明日の夢へと変わっていきます。

悩みであれ、苦しみであれすべて悩んでいる当事者である君たちがどう考え、どう立ち向かっていくかにかかっています。

解決の鍵も君たちがどこかに必ず持っているのです。それは無限に秘めている人間の潜在能力なのです。言い方を変えると、君たちの意識の中に解決の鍵が眠っているということです。

「悩みは必ず解決する、解決させることができる」というのがこの本のテーマです。

なぜ、そう言い切れるのか。多くの先輩も君たちと同年代の頃に悩みながら乗り越え、そのエネルギーをバネに逞しく社会に羽ばたいていることが何よりの証拠です。

学校、勉強、兄弟、家族、家庭、両親、友達、異性、部活動、進学、将来、お金……悩みはいくらでもあります。これらの無限にある悩みも、悩めるレベルに達していない人には出ないし、悩めないのです。今、君たちが悩んでいることは、その悩みに耐え、乗り越えられるレベルに達しているという証明です。君たちの年齢、経験、立場、成長の段階、状況に応じた悩みしか起こってきません。だから大いに悩みを受け入れましょう。

でも、その悩みに負けてはいけません。悩みを受けて挑戦することです。大丈夫、君たちはもうその悩みに打ち勝てるだけのレベルに達しています。

但し、反社会的行動（盗み、暴力行為、クスリ、性的犯罪など）によって悩む、苦しむのは、別の問題です。その時は社会的、倫理的に制裁を受けることになると知っておかなければなりません。

君たちよ、大いに悩め、大いに苦しめ‼

その悩みや苦しみは今だから経験できるものです。今しか経験できない悩みであり、苦しみなのです。

正面から立ち向かっていけば必ず解決します。通り過ぎた時、「あれは小さな悩みだったなぁ」「小さな苦しみだったなぁ」「あんなこともあったなぁ」と思えるようになるでしょう。「どうしてあんな小さなことで悩んだのだろう」と思えるようになります。

悩みや苦しみは、不思議なことに、逃げると逃げた分だけ向こうから追いかけてきます。悩みや、苦しみというのはそういうものなのです。

人間のレベルを上、中、下で表すとすれば、

- 自ら悩みを求めそれを解決するために立ち向かい、悩みを打ち破る人は「上級の人」
- 自分に降りかかった悩みだけを克服する人は「中級の人」
- 自分に降りかかる悩みから逃げる人は「下級の人」

というようなことが書かれた本を読んだことがあります。

ひとつの悩みを乗り越えると、次の悩みや苦しみが湧いてきます。その悩みや苦しみは、前のものより一段上の手強い悩みであり苦しみです。しかし、君たちはもうすでに一段上の悩み、苦しみに打ち勝てるだけのレベルに達しているのです。

こうして、次から次と悩みや苦しみを乗り越えてどんどん成長し大きくなります。それが人間というものであり、青春なのです。それが人生の思い出となり、君たちの財産とな

るのです。また、思い出の数だけ人間の幅を広げ、人間に深みができることになります。悩まない人もいる、悩めない人もいます。なぜか、それは悩めるレベルに達していないからです。こういう人には成長はありません。

大人になっても脳天気でやる気のない大人にしかなれません。仕事もできない、信頼もされない、周りから軽く見られる存在にしかなれません。

社会に出ると、こういう人の実に多いのも事実だし、そのことに驚きを覚えます。

人間は悩んで、苦しんで成長する

「山よりでっかい獅子は出ん」「この世で起こったことはこの世で解決する」「今の悩みがなんぼのもんじゃ」という気持ちで悩みや苦しみに立ち向かいましょう。

負けるな‼　負けないぞ‼

雨や嵐のあとは必ず太陽が出ます。地球上、どの地域においても、今までに一度たりとも降り止まなかった雨はありません。雨が上がると太陽の光を受け、とても美しい七色の虹が出ることもあります。

君たちの悩みや苦しみは「雨」であり、「嵐」です。「雨」や「嵐」のあと、七色の「虹」が出ると思えるかどうかが大事なのです。

この「虹」こそ、君たちの悩みや苦しみが希望に変わる証なのです。

「闇が深ければ深いほど、暁は近い」

「厳寒の冬は必ず春の訪れがある」

冬が秋に逆戻りするということは聞いた例《ためし》がありません。

■　宝物を育てるお母さんへ　■

この本を書こうと思った時、初めは中高生と悩みを共有し、その悩みを解決するために応援する内容に、と考えていました。しかし、書き進めていくうちに、これは両親や家族と共に応援しなければ解決しない悩みや障害があるということに行き当たりました。そこで中高生をもっとも近くで観察し、温かく見守ってくれる両親や家族のみなさんにも読んでもらいたいと思いました。

生まれた時から今日まで育ててくれた両親。夜中に何回起こされようとも、眠い目をこすりながら、体力の続く限り文句ひとつ言わないで育ててくれたお母さん。オムツを替え、よちよち歩きの子供を見守ってくれたお母さん。熱が出たといっては医者に走り、ひやひやどきどきの毎日を送ってきた。「這えば立て立てば歩めの親心」を地で行っているお母さん。頬ずりしたり、抱きかかえたり、この世でこれほど愛おしいものはないと言って、面倒を見てくれたお母さん。日常の一挙手一投足を見守っていることでしょう。

お母さん、もう一度これまで育ててきた苦労を思い出して下さい。いや楽しかった数々の出来事を思い出して下さい。楽しかった思い出の方が多くあったのではないでしょうか。そして今少し、ちょっと見方を変えるだけで、それまでの苦労が報われるということを信じて下さい。

これほどまでに我が子に愛情とエネルギーを注ぎながら、どこかでボタンの掛け違えをしたため、どこかでポイントを間違えたため、とんでもない方向に子供が走り出してとまどうお母さんに、もう少しだけ「かわいい我が子」にエールを送ってあげてほしいのです。

このもう少しの期間に力を振り絞るお母さんにもエールを贈る本にしたく書きました。

目次

学校の存在

高校生活

宝物

一　中学生生活

自立とは

■ 朝の風景 ■

「時間割は合わせたの」「教科書は入れたの」「名札はつけたの」「制服は」「上靴は」「お弁当はここよ」「忘れ物はないわね」「行ってらっしゃい」

フー、ヤレヤレ……。幼稚園児を送り出しているわけではありません。小学校の高学年になっても、中学生になっても、母親が朝から一方的に子供に言っている言葉の数々です。母親は子供のことが気になって仕方がありません。何もかも自分で確認しなければ安心できません。

しかし、これって何か変ではないでしょうか。子供はもう小学校高学年、いや中学生になっているのです。いつまで幼稚園児と思っているのでしょうか。

こういうことを幼稚園児から始まって小学校から中学校と、何年も続けてきました。これでは子供はいつまで経っても、自分で学校に行く準備ができません。できないのではなく、できないように育てられたのです。何もできないし、何もしないのは当たり前です。子供にとって学校の準備は母親がするか、母親が考えて指示をしてくれるものと思っています。子供にとってもその方が楽だからです。

「お母さん、あれはどこ」「お母さん、あれはどうしたの」「お母さん、僕の○○はどこにしまったの」……自分では何もしないのです。

これほどひどくないという反論が返ってきそうですが、これに近いことを現在あなたも結構やっているのです。

少子化の時代、母親の目はどうしても子供に集中します。集中するだけでは終わりません。母親が手助けをする、してやらなければできないと思ってしまいます。

その結果、子供はいつまで経っても自立ができないのです。

早く親が子離れをして、子供自ら自分のことは何でもやるようにしなければ取り返しのつかないことになります。新婚旅行にまで母親がついていくとか、笑えない話が世の中にはあります。

こう言うと「子供は放っておいたら何もしないからつい世話を焼く」という方もいると思います。

そうではなく、母親が世話を焼きすぎるから子供は何もしないのです。母親は子供が自分でやるまで辛抱強く待つことです。言いたいことが口から出かかっていても耐えることです。

子供は元来優秀です。必ず自分でやるようになります。やれる能力を元から持っています。

お母さんが世話を焼くことで子供をダメにしているのです。

▼ 自分のことは自分で ▲

君たちはお母さんがしてくれなくても自分で何でもできるよね?

君たちはきっとできると言うでしょう。

それでもお母さんから見ると、まだまだ放っておけないという思いになるのです。だから、お母さんは口を出し、手も出し、何もかもやろうとするのです。

お母さんが何もかもやってくれるのは、その時は楽なように思えるかも知れませんが、これが当たり前になると、社会に出て、自分で何もかもしなければならない時、自分では何もやれないという人間になります。

「そんなことない」と君たちは言うかも知れないが、現在、社会にいる君たちの先輩の中には「指示待ち人間」になっている人がいるのが何よりの証拠です。おそらくそんな先輩たちもお母さんが何もかもやってくれた人たちでしょう。その結果、「指示待ち人間」となり、会社や社会から当てにされない人間になっていくのです。

幸か不幸か、お母さんが何もしてくれないといった場合、君たちは何らかの方法で自分のことは自分でやらなければならない状況になります。

こういう人は社会に出た時、先輩や上司からの指示を待つのではなく、自分から指示をもらいに行ける人間になれるのです。指示がなくても仕事のできる人間になれます。仕事の先取りのできる人間になれます。

この違いは人生にとって大きな違いとなるのです。

▼どうすればいいのか▲

それではどうすればいいのか。

お母さんは君たちがかわいくてかわいくて仕方がない、何かしてあげたい、何か喜んでくれるものはないか……と、ずっと考えています。

今の世の中は少子化で、お母さんの目は君たちに注ぐしかないのです。君たちが、お母さんにしてもらうより自分でやろうと思っても、その姿をお母さんはじっと見ています。君たちが何かの準備をしていても、その行動が遅いとか、段取りが悪いとかが気になってしまうのです。

だから、君たちからお母さんに宣言するのです。

「自分のことは自分でやるから」

そしてその宣言通り、お母さんから言われる前に「やる」ことです。そういう実績を積み重ね、お母さんから信頼を得ることです。

ここでやることをやらないで後回しにしたり、ギリギリまで延ばしたりすると、やはりお母さんが手を出し、口を出すことになります。

こうなるとやはり君たちの負けです。

▼中学校に入るまでに▲

大事なのは、中学校に入るまでに、自分のことは自分でやれるように訓練しておくことです。

中学生になっても毎日毎日、お母さんから、「あれしなさい」「これしなさい」と言われているようでは、その先が思いやられます。「言われなければ何もできない人間」になってしまいますよ。

ある会社の中年男性で「家では何もしない」という人がいました。子供の頃から何もしない家庭で育ったのでしょう。よく聞いてみると、現在でも、奥さんが靴下から下着まではかせるのだそうです。ちょっとうらやましく見えます。

しかし、単身赴任で転勤になった時、一人住まいになっても卵焼きひとつ作れない有様。一人では何もできないので、日常生活が困難になって、とうとう会社を辞める羽目になったのです。

この人の仕事ぶりを見ると、やはり自分では何もできないし、何もしないのです。上司から仕事の指示を出された自分でしなければならない仕事でも、若い人を呼んでさせています。若い人には若い人の仕事があるので、「自分ですればいいのに」と思われています。だから、この人は会社にいない方がよい存在となっていました。

こうなってはお終いです。

このように「自分のことを自分でできない人」は社会に出た時、歓迎されない人間になってしまうことを考えてほしいのです。

君たちが社会に出る頃にはどのような時代になっているかはわかりません。自分で企業を選ぶことができない時代、エントリーシートを何十枚も書いて応募しても書類審査で撥ねられ、面接すら受けさせてもらえない時代、企業が君たちを選ぶ時代になっているかも知れません。

どんな時代になっても「自分のことは自分でやれる」という人は、自分で企業を選ぶことができるのです。

中学校とは

▼新しい友達に不安と期待▲

小学校から中学校に上がると、これまで六年間一緒だった友達に加え、近隣校区の小学校からも同じ中学校の生徒となります。父親の転勤に合わせて遠くから転校してくる子もいるかも知れませんね。

新中学生にとって、不安はいっぱいです。新しい人と仲よくやっていけるだろうか？　教科ごとに変わる先生はどんな人だろうか？　新しい友達はできるだろうか？　勉強が難しくなるのでは？　高校進学は……。

その反対に希望もあります。どんな部活があるのだろう？　部活の仲間はどういう人だろう？　修学旅行はどこに行くのだろう……。

中学校に入ってからできた、新しい友達との交流を深めることにより、新たな成長があり、自分の世界が広がります。

中学校の初めの頃はどうしても同じ小学校の出身者同士が仲よくなって、全体的な交流がスムーズにいかないことがあります。

そんな中、明るく社交的でクラス全体をリードしてくれる人、みなの橋渡しになってくれる人がいるものです。彼（彼女）のおかげで全体が打ち解け、自然に仲間意識が芽生えてきます。

できれば、リーダー的存在となってクラスをリードする人になることを勧めます。それは人が経験しないような苦労もありますが、振り返ってみると、その苦労が成長の素《もと》となって楽しい中学生生活を送ることができたと思えるからです。

▼成長に差が出る時期▲

秋から冬にかけて成長が止まったかのように見える樹木が、寒い冬の間にエネルギーを蓄え、春の初めから初夏にかけて新芽と共に一斉に伸びます。まばゆいばかりの新緑は、生命の息吹を感じさせます。庭の生け垣も公園の木も街路樹も瞬く間に伸び、どこにそんなエネルギーがあったのかと思えるほど伸びていきます。

自然界の樹木は必ず時期がくると、新芽と共に枝も葉も伸びます。

人間も同じです。成長する時期があり、この時期を逃すと成長に差が出ます。

エネルギーを蓄える時期は小学生まで、この間は成長への準備期間です。

中学生からの時期が新芽と共に大きく成長する時期と言えます。

この時期に合わせてスタートを切れれば、その後の展開がうまく進み、楽しい学校生活を送れることになります。ここでもたつくと、タイムリーな成長ができない人になったり、大人になりきれない人になってしまったりするのです。

今、中学生の君たちはそのことをよく考えてほしい。中学生というのは人生にとって、とても大事な時期です。

もし、この本を読んでいる人が高校生であったり、高校をすでに卒業している人であったとしても、要は、いかに早くこのことに気が付き、いかに早く軌道修正をするかが大切だと言っておきます。

■大人になっての反省■

社会に出た大人たちに、

「もう一度人生をやり直すことができたら、どこからやり直したいか」

という質問をすると、大方の人が、

「中学生からやり直したい。そうしたらもっと勉強するのに」

と、反省を込めてしみじみと言います。

それはなぜか？　中学生時代にどうしてもっと勉強しなかったのか、という悔いが残っているからです。

中学生になると、小学生時代と違うレベルの英語となり、算数は数学となります。小学校では担任の先生がすべての教科を教えてくれましたが、中学生になると教科ごとに先生が替わり、より専門的です。

そして高校・大学へ進学すると基礎学習は中学生時代にあったとわかるのです。中学生での成績の優劣が、少なくとも勉強に関しては、その後かなり影響していたのに気付くのです。中学生時代にやる気になったかどうかが、その後の人生に大きく影響することになるのです。

だから大方の人が「やり直せるものなら中学生からやり直したい」というのです。

それぐらい中学生というのは大事な時期なのです。

■ 多感な成長期 ■

中学生というのは、多感になる成長期において、一番難しい時期と言えます。子供が物事を何でも批判的に見る時期がちょうどこの頃、この時期をうまく乗り越えるかどうかで、本人にとっても家族にとっても、その後が大きく違ってくるのです。

そして両親の会話、両親の行動、先生の態度を厳しく見ている時期。特に母親が学校や先生のことを批判的に話したり、父親を見下したような態度をとると、もっとも悪い影響を与えるように思えます。学校や先生は重要な存在であるということを話し、父親については家族のために頑張っているということを話すのが大事です。母親が批判的になったり、否定的になることが一番怖い時期です。

この時期の中学生生活を楽しく送れるか、何かあやしく違った方向に行くか、微妙に揺れる時期です。どこかに「ブラックホール」も潜んでいます。どういう友達に出会うか、どういう遊びに興味を持つか、はっきりした目標を持てるか……。子供の気持ちが良い方にも悪い方にも揺れる時期です。

この時期を無事に通り越せた子供や家庭にとって、そんな「ブラックホール」が本当にあるのかと思うかも知れませんが、この時期にブラックホールに引き込まれた家庭は、長期間にわたり、子供と共に悲惨な目に遭うことになります。

■ブラックホール■

いじめに遭って言うに言えない悔しさと苦しさを味わう、不登校や登校拒否、不良仲間に誘われて非行に走る、家庭内暴力……。まさにこれらがブラックホールです。

どう対処すればよいのか、何が悪かったのか……。

子供たちを小学生時代は児童と呼び、中学、高校生時代を生徒と呼びます。少年から青年への通過点、短期間に環境が大きく変わっていく時期です。肉体的にも精神的にも顕著に変化し、性への目覚め、教師に対する反感の芽も頭をもたげやすいのがこの時期です。

学校、家庭の狭間で、幼い心が揺れます。先生、両親、友達の間で、ちょっと大人の社会を批判的に見ている心が揺れます。友達関係においても好き嫌いがハッキリし、高校進学のことで悩みは頂点に達します。いらいらする毎日、「キレル」のもこの時期です。

これらのことが原因で、悪くすると、不登校、登校拒否や非行ということになる場合があります。

不登校、登校拒否も、非行も、これらの問題は家族もショックですが、実はそうなった本人が一番悩んでいるのです。表面上はなんとも思っていないふりをしていても、本人の精神状態は、学校に行かなければ……行かなければならない……でも行けない。だけど行かなければ……行きたくない……いや行かなければ……と、心の葛藤が毎日続き、悶々とする日々のはずです。

しかし、不登校、登校拒否は、子供の現在の気持ちのリアルな投影です。子供はこれでいいとは思っていません。だから本人は悩んでいるのです。

非行も同じで、本人が望んだ状況ではなく、そろそろ大人の世界が見え始め、大人社会を斜めに見ている心の影が非行という形で現れているのです。最初はいきがって不良っぽく振舞っていますが、だんだん淋しくなっていくのです。

大人社会の矛盾と納得しがたい思いを、誰に、どのようにぶつけていいのかわからないだけなのです。そうしたことに対する、自分の気持ちを表現する方法を知らない子供たちの行動が、不登校、登校拒否、非行となっているのです。

親と子

■ 家庭の温かさと愛情 ■

この時期は家庭の温かさが何よりも大事な時期です。

特に、子供と接する時間が長い母親の温かさとキャパシティーの大きさが、どれほど子供の救いになるかわかりません。母親の子供に対するこまやかな思いやりが必要な時期であり、母親の子供に対する愛情がもっとも要求される時期です。

まとわりつくようなベタベタとした暑苦しい愛情ではありません。母親の愛情とは「待つ」ことと「耐える」ことです。決して先回りをして、子供を引っ張ろうとしないことです。子供がやる気を出し、自覚するまで辛抱強く待つことです。言いたいことがのどまで出かかっていても、グッとのみ込んでニッコリ笑って耐えることです。

このふたつの辛抱ができないでいつも先回りしている母親は、子供に対して「こんなに愛情を注いだのに」「あんなに一生懸命したのに」と言う人になります。どこかで子供から見返りを期待しているように思えてなりません。そうではなく、見返りを考えない、純粋な親としての愛情であり、行動でなければならないのです。

そうでなければ、ますます子供が離れていくことになります。子供からの見返りを期待すると、後々、注いだと思っている量だけ子供から裏切られたと錯覚することになり、悲しい人生となります。

■ 親が子供にできること ■

子供は心の中では勉強はしなければならないということを知っています。だから、親があせって頭ごなしに「勉強しろ」と言うと、芽生えたやる気の芽を踏み潰すようなものです。

親の言っていることが正論であればあるほど、子供を追いつめることとなり、子供の心は離れていきます。

例えば、親が子供に勉強のことで諭すように説いたとしても、何の効果もありません。

子供は「わかっているよ」と言います。

「それならなぜやらないの」「わかっている」「そんなことわかっている」

「勉強して将来は立派な人に……」「そんなことわかっている」

「勉強して一流企業に……」「それもわかっている！」

こんな話の繰り返しになります。これを何回も繰り返しているうちに、子供のやる気はどこかに吹き飛んでしまい、完全にやらなくなります。

親は「あれほど言っているのに」「口がすっぱくなるほど言ったのに」「子供が言うことを聞かない」等々グチを言いますが、言わない方がいいのです。子供の心の中では「やらなければ」「いつかはやるぞ」「でも今は……」「あと少ししたらやるぞ」という葛藤が続いています。これを見ている親はイライラするかも知れませんが、「待つ」のです。

親は現状をすべて肯定しなければなりません。肯定した上で、「勉強しろ」「あれしろ」「これしろ」ではなく、未来に希望のある話をすることです。親は子供がやる気を出す、やる気を出さなければと自覚する環境作りに心を砕くことです。

これが親として子供に果たさなければならない責任です。

■ 母親の子供に対する姿勢 ■

また、この時期、母親には、他人の意見を素直に受け入れることのできる柔軟性と見識が必要です。それは柔軟性と見識のある人のところにはあらゆる情報が集まるからです。子供に何が起こってもそのことを受け入れることのできる心のキャパシティーの大きさと深さが要求される時期です。母親はじっと子供の様子と変化を見守るという姿勢が必要です。子供から尊敬される母親か、子供と友達関係で気楽に話し合える母親か、が理想的であり、母親も一緒に成長が必要な時期です。

子供と共に成長しつつ、母親は常に子供より一歩先を歩いていることが、子供に安心感を与え続けることになります。母親は決して先回りして子供の手を引っ張ってはなりません。それをすることにより子供に依頼心を植え付けることとなり、子供から自立心を奪うことになります、結果的に子供を潰すことになるからです。悪くすると子供は、一生手を引っ張ってくれるものと思い、自らは何もしない、何も考えない子供となります。

最近、社会人になった若者の中には親が常に子供の手を引っ張ってきたのであろうと思える人が多くなっています。自らは何もしない、言われたことしかしない人です。言われたことはする、それでいてその結果に対してすぐに評価してほしいと言う。社会に出ても、いつまでも家庭の延長線上にいる人です。

企業ではそんな人は必要としていません。

中国のことわざに「魚を与えるより、魚の釣り方を教えよ」というものがあります。親が子供かわいさに何もかも与え続けると、子供は一生誰かが与えてくれるものと錯覚をするのです。社会に出て自分自身で一本立ちする時に、魚の釣り方を教えられていなければ餓死することになります。

結果的には子供を潰すことになるのです。

■ 親のご都合主義 ■

どうも親は自分の都合で物事を決めていく傾向があります。

日頃、人に迷惑をかけてはいけない、他人様との約束は絶対守れと言っている親が、子供との約束事を親の都合で簡単にホゴにする。これでは子供との信頼関係は生まれません。

子供は、本当に自分のことを考えてくれているのか、親の見栄と世間体で物事を考えているのかということを、一瞬で見抜く能力を持っています。

微妙に揺れている子供の心を配慮せず、一方的に親が何でも決める。親は自分の思いこみで何でも判断し、結論を出す。そうではなく、いろいろな話はするが、結論は子供に出させるよう訓練をすべきです。

「○○君（○○ちゃん）はどう思う?」「どうしたいと思っている?」

時間はかかるかも知れませんが、子供の将来と一生というスパンで考えたらそれしかないのです。それが一番良い方法なのです。

■子供の心の振幅が見えるように愛情を注ぐこと■

親となることは、子供の心の振幅が見えるだけの見識と注意力と愛情を持つことが大事です。

数億の精子の中からもっとも優秀な精子が卵子と結合して、我が子として生まれてきたという事実を識ることです。したがって授かった子供は超優秀中の超優秀な宝物です。

親が子供のレベルまで落ちたら、子供の心の振幅は見えません。子供の目線まで下りて観察すれば、子供の心の微妙な振幅が見えるのです。親の側に余裕があると子供の心の振幅が見え、余裕がないと見えるものまで見えなくなります。

我が子は超エリート中の超エリートです。親のあり余る愛情の注ぎ方を間違えると、それほどの超優秀な子供を持ちながら親が潰すことになります。

それは許されない行為であり、子供に申し訳ない行為と言わざるを得ません。

■ 日本の父親の存在感 ■

昔のサラリーマン家庭では、一般的に父親は仕事とその延長線上での付き合いで帰りが遅く、休日は仲間とのゴルフなど、年中、仕事か仕事の続きをしているという姿が見られました。土、日関係なく仕事をしているのが偉いと勘違いしている人が多くいました。また、日本の住宅事情から郊外に家を建て通勤に二時間という人もいて、週に一回しか子供と顔を合わさないという人もいました。

こうした状態が、さも、自分は会社で重要な仕事をしていると自慢していたお父さん。家族とのコミュニケーションもなく「俺は仕事で頑張っている」と豪語していたお父さん。

何か大切なものを忘れていませんか。

それは単なる自己満足でしかなく、家族や子供が見えていない姿です。

大事な時期に子供とかかわっていなければ後悔します。

こうしたことが今も「正しい父親」の姿なんて思っているから、子供とかかわる時間が少なくなるのです。子供から見ると父親の存在感はなく、父親の顔が見えないのです。だから、日常的には母親が子供の面倒を見ることとなり、結果として子供は母親の影響を九〇％以上受けて育つことになります。

■家庭内暴力と幼児期のかかわり■

少年犯罪は後を絶たない、絶たないどころかますますエスカレートしています。これは、父親が子供の幼児期、幼年期に充分かかわっていなかったことが原因ではないかという気がします。

我が家の長男は小学校三、四年の頃、学校でとても荒れていました。私はその頃仕事で出張が多く、自宅にいる時間が極端に少ない状態でした。したがって、幼児期、幼年期ともに淋しい思いをさせてしまったと思います。私は淋しい思いをさせたくはないと、月に二回ぐらいのペースで出張先から手紙を書いていました（今もその手紙は残っています）。しかし、そんなもので、子供の淋しい気持ちを埋めることは不可能だったのです。長男が五年生になる頃から、長期の出張は少なくなり、子供とのかかわりが多くなってきました。この頃と時を同じくして、長男は学校での荒れが少なくなってきたように思いました。妻も当時そのように言っていました。

子供、特に男の子は父親とのかかわりが大きく影響するように思えます。

次男は、長男と四歳離れているので、幼年期よりも幼児期の淋しさがあったのかも知れません。次男は幼稚園の頃、私が長期の出張から帰ると、数日間、二人の子供の間で父親の取り合いが始まります。夜、それまで別々に寝ていた兄弟が私の布団にもぐり込んできて喧嘩をします。二人の子供と一緒に寝ることになるのですが、「僕の方に顔を向けて」「いや、僕の方を向いて」ということで喧嘩するのです。そこで、片方に顔を向け、片方とは手をつないで寝ることになります。

これほど子供は父親が恋しいのか、長期の出張はできるだけ避けるように、と思いました（もっとも自分の意志で一〇〇％のコントロールはできないものですが）。

このように、子供が、父親を必要とする時期があります。この時期にしっかり、子供にかかわっていれば、子供が荒れることもなく、登校拒否、不登校もなくなるのでは、と、今になって思います。

一　学校の存在

登校拒否、不登校

■登校拒否、不登校はどこから■

登校拒否、不登校にはいろいろなパターンがあってひとくくりにはできませんが、原因として考えられることのひとつに、子供の側から見て、愛情を両親から受けたい、注いでもらいたい、そして自分のことを理解してもらいたい、という願いが満たされていないという問題があります。つまり愛情に飢えているということが、両親に理解されていないのではないかと思います。

僕のこと（私のこと）を本当に愛してくれているのだろうか、大切な子供と思ってくれているのだろうか、と不安になっているのです。両親にとって僕（私）はどういう存在なのだろうかと常に考えています。

幼児期から子供は好奇心旺盛です。子供から両親、特に母親に対して質問が機関銃のように飛び出してくることがあります。この質問に対してどう対応してきたか、一生懸命答えを探し、必死で勉強して応えた親と、面倒くさいと大半を退けてきた親がいたとします。子供はこのことについて、親はどう対応してくれるかということを通して、母親の愛情の深さを物心のついた頃に判別するのです。僕（私）に対する親の愛情の深さを測るのです。

こうして子供は自ら出した答えを登校拒否、不登校という形で表すのです。登校拒否は子供が何かを理解してほしいというシグナルであり、警鐘です。

だから少しでも早く子供から見て、本当に僕のこと（私のこと）を大切に思ってくれているという思いを、口先だけではなく態度で示すことです。

その現実を子供の心が確認できれば安心するのです。

■ 精神年齢成長度と親の対応 ■

子供の「精神年齢成長度」が速い場合、小学校低学年の頃から、勉強に対して疑問を持ち始めたり、学校のことを批判し始めたりします。

「なんでこんなこと（勉強）をするの？」「勉強して何の役に立つの？」「大人になって今

の勉強が必要なん？」という質問を投げかけてきます。これに対して親の答えは、時には的を射ない、時には問題をすり替えたもの、時にはどぎまぎして答えられたとしてもせいぜい一般論となったりします。そこをまたすかさず突いてきます。「なんで？」「それがどうなるの？」「だから？」……次から次へと質問が飛び出します。親は答えきれなくなり、逆ギレを起こすこともあります。

次に学校の先生の教え方にも批判的になってきます。「教え方がおかしい」「何を言っているのかわからない」「習っていないことが試験に出た」そして、個々の教科の批判に移ります。「算数は」「理科は」「社会は」「英語は」……。

この時の親のかかわり方が大事です。

親にわからないことがあってもいいのです。「お母さん（お父さん）にもわからないから一緒に考えよう」と言ったり、わからないことは一緒に辞書を引くとか百科事典を広げてみたり、親が一緒になって考えてくれたことが子供の心に安心感を植え付けるのです。逆に親にもわからないことがあるというのは安心するのです。

そして、一緒に辞書を引いたり、百科事典を広げたことが、子供にとって何かわからない場合、調べたらいいという方法が身につくのです。

■子供は生まれながらにして超優秀にできている■

子供は親がどれほど自分のことを大切に思ってくれているかを試しています。子供は日常、両親との会話や接触を通してジッと見ています。僕は（私は）両親にとってどれほどの存在なのか、大切な子供なのか、どうでもよい子なのか……シビアな目で見ています。口では大切な子供、宝物と言っていても、日常の親としての行動、態度を見ています。

この洗礼をどんな子供からも受けていると考えて間違いはありません。超優秀の頭脳と超優秀の眼で見ています。親はこの超優秀の眼に耐えうる存在でなければなりません。

赤ちゃんは瞬時に、近づいてくる人が自分に好意を持っているかいないかを見抜く能力を持っていると言います。だから近づいてきた人がお世辞で「かわいい」とか「賢そうですね」とか言いながら手を出しても、赤ちゃんは見向きもしないのです。愛想笑いをしながら無理矢理抱こうものなら、むずかって泣き出してしまうのです。本当に好意を持ってくれている人には自分から手を出して抱かれに行こうとします。

子供とは生まれながらに、それぐらい超優秀な能力を持っているのです。言葉だけではとてもごまかせるものではないのです。

■登校拒否、不登校のパターンは特定できない■

昔は多くの家庭が貧乏でした。働いても働いても生活は楽になりませんでした。親は家族のため、子供のために一生懸命働いていましたが、貧乏との追っかけっこには終わりがありませんでした。

その後、貧乏という言葉ではなくなりつつあり、中流意識が大半となってきました。

その中流意識層はひとつではくくることができません。中流の中には、家を持ち、車を持ち、それなりの形を整えた中流もあれば、家は欲しくはない、その代わり高級車を乗り回し、レジャーを大いに楽しみたいという中流もあります。また、食べるものを贅沢にしたい、着るものを豪華に、旅行にお金を使って豪華な気分を味わいたいという中流もあり、その組み合わせはまちまちです。

庶民が中流を意識し始めた頃から、親たちの子供に対する愛情の注ぎ方に変化と多様性が出てきたのではないかと思われます。いつの頃からか、親側の考えが子供のためより自分が楽しむことを優先させるようになってきました。

こうした多種多様な家庭とそれぞれの家庭の考え方を背景にしていますから、登校拒否、不登校の形が千差万別となり、原因も特定できなくなって、対策が難しくなってきています。

■ 母親のタイプ ■

子供の頃に優等生であった母親は、真面目で少し融通に欠けます。知らず知らずのうちに何十年前の自分と重ね合わせ、子供を自分のパターンにはめ込もうとしているのが原因ではないかと思います。「私が子供の頃にはこういうこともああいうこともできたのに」と常日頃から知らず知らずのうちに言わなくてもいいことをグチグチ言っています。

母親は子供のことが知りたくて知りたくて仕方がない、聞きたくて聞きたくて仕方がない、そのうえ言いたくて言いたくて仕方がない、そして言わなくていいことを言って、子供を潰しているのです。このことがわかっていないのです。

子供をダメにする原理を理解していないから怖いのです。言ったことが、子供の心の中にある引出しの中に徐々に溜まっていくのです。この引き出しは子供の心の中で実にきちっと整理されています。グチグチ言ったことが子供の心を締め付け、子供の自由な心を奪っていくことが母親には理解されていないのです。いつしか、子供は母親を尊敬しなくなり、信用しなくなります。

「どうして、僕（私）の気持ちをわかってくれないの！」

やがてどこかで爆発します。それが登校拒否、不登校になったり、思わぬ事件を誘発する原因となるのです。

信じられないことですが、母親が子供を潰しているのです。

両親、特に母親は辛抱と忍耐が大事です。

一方、母親が若い頃、適度に青春を謳歌していた場合、子供の気持ちがよく理解でき、子供のちょっとした変化に気が付くことができます。これから子供が進んでいく方向が読めるのです。兆候が現れてもすぐに気付き、子供の気持ちが読めるというメリットがあります。母親は子供に負けてはならない、負けないぞというような気負いもなく、親の沽券に執着する気持ちがないからです。

むしろ友達感覚で、子供のレベルに合わせた対応ができるのです。子供に自然に背中を見せることができますから、子供は安心して何でも話すことができます。いわゆる親子の間で隠し事がない関係となります。

この関係になると、親も子も楽なのです。子供が変な方向へ走る兆しが見えたとしても早期発見が可能となり、常に両方から軌道修正ができます。

この関係ができあがると日常会話の中で、子供たちを理解して質問に答えることができたり、上手くかわせたりできるので、子供は登校拒否、不登校にも非行にも走らないように思えます。

学校と親

■ある中学校でのこと■

ある中学校のＰＴＡの会合で先生が、

「私の教科の試験は難しいと毎年言われています。卒業生からもよく言われています」

と、悪びれる様子は全くなく、さも得意そうに言っていました。その教科の平均点は三〇点台で、先生は平均点の低いことには何の反応も示さず、「教科書に載っていないことでも試験には出しますよ」と言っていました。その先生の態度から、あたかも「どんなもんだ」というふうに受け取れました。


私はその時、ゾッとしました。教える側と教わる側にはそれぞれに言い分はあるでしょうが、試験というものは平均点が六〇点ぐらいになるような問題を出すべきであり、教師はその程度の平均点が取れるように教えるべきではないかと思いました。

同じＰＴＡの会合で平均点八〇点台という教科もありました。これも、試験が易しすぎるという問題はありますが、生徒にとってはこちらの方がいいかも知れません。試験をするたびに自信をなくすか自信を持つかで、生徒に与える影響は大きいものです。

これほど教科によって平均点に開きがあると生徒はとまどいます。同席していた父兄の話では、どうやらこのことは毎年らしく、学年毎あるいは学校としてそのことについての協議もないようです。これでは子供が学校に不信を持っても仕方がないと思いました。

■親の答えは一般論の域を出ない■

子供は家庭や学校での出来事にとまどいながら毎日を送っています。大人の言うこと、することに一貫性がないと感じています。そういうことが重なって、子供の質問攻めにあうわけですが、親の答えはやはり一般論の域を出ません。

親子で問答を繰り返しているうちに、子供の心の中に葛藤が始まります。このまま学校へ行こうか、それとも止めようか……。葛藤はやがて子供自身が、子供なりの結論を出すこととなります。友達関係か、勉強の問題か、先生のことか、学校が嫌いなのか……何かに突き動かされて突然学校に行かなくなります。

本人も具体的に何が原因かわからない、でも行きたくない、となります。これが不登校、登校拒否です。

二〇一八年、小・中・高生の登校拒否、不登校は二十一万七千人と言われ、その数は年々増え続けています。潜在的な登校拒否、不登校予備軍はこの数倍はいると考えられています。

ある日突然、我が子が登校拒否、不登校になることがあります。両親、特に母親はうろたえ、どう対処したらいいのかわからなくなるのでしょう。突如やってきた事態に対して、何の備えもない親たちはまず世間体を考えます。「近所の同級生はみんな学校へ行っているのに、うちの子供だけがなぜ」となるのです。ここで、まず判断を誤っています。

登校拒否、不登校の兆候が見え隠れする初期段階は、学校の先生も親たちに対して、子供が学校を休んだり、遅刻したりすると理由書の提出を要求してきます。この時の休んだ理由、遅刻理由を書くこと、学校からの電話などに悩ませられ、母親がまいってしまいます。いきおい子供に大声を上げたり、言わなくてもいいことを口走ってしまいます。子供との喧嘩が絶えなくなり、家庭はだんだん暗くなっていくのです。

■ カウンセリングを受ける ■

どうにもならなくなってから、先生や周りの勧めもあってカウンセリングを受けることとなります。この時の母親の心境は、子供がカウンセリングを受けることにより登校拒否、不登校が解消するか、少しはよくなることを願っています。

だから子供にカウンセリングを受けさせることを念頭においています。

実は、登校拒否、不登校をしている子供より、母親がカウンセリングの方が大事なのです。母親がカウンセリングを受けることにより、世間にはもっともっとひどい悩みを抱えている家庭があることを知り、我が家はまだよい方だと認識し、肩の力が抜け、気持ちにゆとりができます。

カウンセリングの先生はあらゆる登校拒否、不登校の実態を知っていて、過去のデータから話し始め、子供より母親に諄々と諭すように語りかけます。状況を理解すると、母親の子供に接する態度がおおらかになります。母親も心が軽くなり、日常の言葉遣いや振舞いが明るくなると共に、家庭に明るさと笑いが戻ってきます。そのことがやがて子供の登校拒否、不登校が解決する因となります。

だから母親には、定期的にカウンセリングを受けることをお勧めします。悩みを早く解決させるために。

学校が嫌い？

■ 学校嫌いの子供はいない ■

不登校の子供に本当の学校嫌いはいないと言われています。

一九八八年七月二日の産経新聞に、登校拒否サポート協会の吉岡康雄さんが書かれた『小学生の登校拒否は100％なおる』という本の一部が紹介されていました。

「フランクフルトのあるデパートの八階の食堂での出来事です。（中略）食事中、兄の方がスプーンを落としてしまいました。母親はチラッと見ただけで何ごともないように食事を続けています。やおら子どもは椅子から降りスプーンを拾いました。そしてナプキンで拭いて何ごともなかったかのように食べ始めました。

（中略）日本のある種のお母さんだったらどうでしょう。『落としたら駄目よ。（中略）お母さんが拾ってあげる、もう汚いよ。お母さんが代わりのを取ってきてあげる。もう落とさないのよ』などと、(中略)このように口から先に出るお母さんに育てられた子が、登校拒否になることが多いのです。自立心と協調性が育たないからです」

不登校は親の問題、「不登校が起こる原因は一〇〇%家庭にある、親が変われば子供も変わる、自己中心的で不足や不満を言う親が多くなり、それにつれて不登校の子供も増えてきている、というようなことが本には書かれていて、不登校の子供を復学させるため、親が常に考えるべきこととして、

「一　子どもはいい子だと考える。

二　過去のことは言わない。

三　誰も責めない。

四　不足・不満は言わない、思わない。

五　昔のことわざの正しさを実戦する」

以上の五点を挙げている。

その他、「先回りしてものを言わない」「子供の機嫌をとらない」「子供がどうするではなく親がどうするかが大事」「しつけとは親が我が身を美しくすること」などと、親が自分自身をかえりみるのが大切であると強調されています。

■自己中心的で不足や不満を言う親■

先の本の中に「自己中心的で不足や不満を言う親」とありますが、この自己中心的というのは一般的な家庭でしばしば見られる光景です。優秀な子供の優秀な部分が見えず、親の権力とご都合主義で何事も処理していく親、子供を一個の人格として見ることができない親が多いのです。常日頃から優等生的なしつけをしようとしている親が平気で子供との約束を破ったり、自分の都合でやるべきことをやらないということが日常的に起こっています。

また、学校や社会の出来事に対して、親の発言が子供にどういう影響を与えるかということを考えない無神経な発言で、不足や不満を平気で口にしている姿も問題なのではないかと思われます。例えば、子供の前で、平気で学校を批判したり、担任の先生を悪く言ったりします。

もっとも怖いのは、近所の同級生のお母さんが遊びに来て会話をしている時、盛り上がって相鎚を打ちながら調子よく、しかも楽しく会話していたのに、その人が帰った後、「実はあの人ねぇ、こんなことがあるのよ」とか「あんなこともあるのよ」と悪口を平気で言う母親の行為です。

こうなると子供は理解ができなくなり、葛藤し、正しい答えを出せなくなってしまいます。子供の前で軽く口にする不足や不満は、何でもないように思うかも知れませんが、口に出した影響は大きいのです。子供の正しい認識眼を失わせることになります。

■ 登校拒否、不登校になったら ■

子供が登校拒否、不登校になったり、非行に走りそうになったら、子供の言動、行動のすべてを肯定的に見ることから始めることです。そして、子供のレベルに合わせ、子供の目線で対話をすることです。子供の気持ち、現在の心境が話せるような雰囲気で会話が引き出せるよう配慮し、徹底的に聞く側に回ることです。

子供は自分を理解してほしいとシグナルを出しています。子供の側に立った言葉遣いと、声のトーンで親の思いを伝えるのです。

ここで大事なことは感情的になって意思を伝えようとしてはならないという点です。感情的になったら、そこでおしまいです。子供に怒りをぶつけても何の解決にもなりません。

これができるようになれば、不登校は解決への一歩を踏み出したことになります。子供を責めてはなりません。親がイライラしたら負けです。

■こういう時でも辛抱すること■

例えば不登校の子供がやっと立ち上がって、もがき苦しみながら学校へ行ったとします。やっとの思いで学校へ行き、複雑な気持ちで帰ってきた子供は、明日はどうしようか、と心の中で悩み苦しんでいます。行こうか、それとも止めようか、と。

こんな時、母親はじっと耐えて我慢をすることです。明日のことは子供の判断に任せてそっとしておくことです。

ところがたいていの母親は「明日どうするの」と聞くのです。この言葉は子供にとっては致命的で、詰問に聞こえます、責められていると聞こえます。子供は一番触れられたくない部分に触れられたと感じます。行くのであれば、自分の意志で行きたいと思っています。

母親が結論を出してはいけません。じっと耐えて子供に結論を出させるべきです。仮に行かないという結論でもかまいません。自分で結論を出したというところに意義があるのです。

子供が「行く」という結論を出した時は問題ありませんが、「行かない」という結論を出した場合、自分の出した結論に責任を感じます。この感じた責任が本人の背中を押すことになるのです。本人が自分の背中を押すということが早く解決する方向に働きます。

母親にすれば、聞いておかなければ明日の朝食やお弁当の準備があると言うかも知れません。そんなことはどうでもいいのです。行っても行かなくても朝食を準備し、お弁当の用意をしておいてもいいではありませんか。

子供は内心、発車のベルにせかされているような状態です。そこへ母親から「明日はどうするの」とくると、せっかく何とか必死で立ち上がろうとした気持ちが、行こうと思っていた子供の心が閉じてしまうことになります。

子供が次に学校に行こうという気持ちになるまで、お母さん、辛抱です。この辛抱ができなければ、とてつもなく長い時間がかかることになります。

■映画のひとこま■

一年や二年遅れても長い人生にとってはたいしたことはない、と思えるくらいの余裕が大事です。子供の登校拒否、不登校の時期は人生のほんのひとコマです。そのひとコマで、子供の人生を判断することは不可能です。

映画の撮影をする時、実際に映画として編集されるフィルムの何倍もの撮影をします。撮影しても編集でカットされ、映画として上映されないボツの部分があります。

子供の人生にとって登校拒否、不登校の期間は、このボツになるフィルムのようなものです。ドラマ全体には影響のない部分で、世に出ない部分なのです。子供の人生も長い映画として見ていきましょう。

■子供は腫れ物ではない■

子供を腫れ物にさわるように扱うというケースがあります。これはかえって登校拒否、不登校を長引かせる結果になります。登校拒否、不登校になろうが、非行に走ろうが、平時と同等に扱うことです。

たぶん理屈ではわかっていると思いますが、これができないから、不登校児を長期間抱えることになるというケースが多いのです。

子供はすべてを見抜く力と能力を備えています。だから親の性格を一瞬にして見抜くのです。親が下手《したて》にでれば、子供は侮り、親が強く出れば、この親は侮れないと思うものです。

強く出ろと言っているのではありません。普通にしていることだと言っているのです。子供は腫れ物ではありません。普通に扱い、普通に接すればよいのです。

ここでもっとも大事なことは言葉遣いです。言葉遣いは皮肉やいやみではなく、子供の心を傷つけない、そして、子供の側に立った言葉遣いを心がけることが望ましい。子供の心を傷つけないということをベースにして、親の思いを伝えることです。

母親というもの

■ 母親の愛情に温度差 ■

貧乏で食えなかった時代、食べることに汲々としていた時代の親たちと、食える時代の親たちの愛情に温度差があり、愛情の中身が違ってきたように思えます。

「食えなかった時代」の親たちには、心遣い、思いやりの底流に慈愛が感じられました。親の思いと現実にしてあげられることとには、あまりにも違いがありすぎるという点で、子供に対して申し訳がないとの思いから、親の行動や態度に温かさがあふれていたのかも知れません。子供の方もそのことを肌で感じていたのではないでしょうか。経済的につらい思いをしていても、心が通っていたと思います。お父さん、お母さんは僕（私）のために必死で頑張ってくれている、と子供たちは親の必死の姿に感謝していたのです。

しかし、食える時代の親たちの愛情は、お金や物に変わってしまったように思えます。

形はないが温かさのあふれる愛情から、形はあるが温かさが感じられない愛情に変わっていきました。受け手の子供は変わっていないのに送り手の母親が変わったため、変化が起こってきたのです。

時代は変わっても、子供の本質的な部分は変わっていないという認識が、親たちに必要なのではないでしょうか。

■ きれい好きも困りもの ■

母親がきれい好き、片付け好きというのは、一見良いように見えますが、実は家族にとっては息が詰まるものなのです。多少机の上に新聞やチラシ広告が散らかっていようが、子供たちの脱ぎ捨てた衣服が椅子の上に無造作に置かれていようが、いちいち注意をしたり、気になるような母親では、子供や家族は息が詰まります。

要するに母親のキチッとした性格が、目に見えないバリアで子供をがんじがらめにしているのです。

極端に言うと、家の中が散らかっていようが、片付いていなかろうが、掃除をしていなくても、あまり気にならないタイプのお母さんのもとでは、不登校は起こらないと思います。

しかし、きれい好き、片付け好きタイプの母親は、そのことを第三者から指摘をされてもなかなか受け入れようとはしません。元々視野が狭いということと、根がガンコなので、聞く耳を持たない人が多いのです。受容のスペースが少ないのです。

逆に人の意見を聞く耳を持っている母親は常に柔軟に対応する術《すべ》を心得ているものです。

■母親も開き直りが大切■

ある意味、母親の開き直りが子供を救うことになります。母親が開き直ると子供が母親から受けているプレッシャーが極端に減少します。

母親が開き直ることにより、子供が発信するシグナルとお母さんが持っている受信機の周波数が一致しやすくなります。すなわち子供の発するシグナルを受け取る土壌ができるのです。耳をそばだてると子供の無言の叫び声が聞こえてきます。目をこらすと少年から青年への移行期に、微妙に揺れる子供の心の振幅が見えてきます。

几帳面な母親は、世間から見れば、とてもよい主婦ですが、子供から見るとやっかいな存在となるのです。

世間体など、どうでもいいことです。だからお母さん、肩の力を抜いて、適当に開き直りましょう。子供のために、そしてお母さんのために。

子供はみんな

■子供は元来優秀にできている■

近所にとても礼儀正しく、親孝行で、模範生のような子供がいます。これを見た親は、どうして他家の子供はあんなに素晴らしく優秀なのか、と真剣に思うものです。それに引き替え我が家の子供は、と思います。

模範生のような子供の親に、

「お宅のお子さんにどんなしつけをしているのですか」

「どんな育て方をしているのですか」

と聞くと、決まって、

「うちは何もしておりません。いつも放ったらかしです」

という答えが返ってきます。

それを聞いた人はきっと謙遜して言っているのだ、そんなはずはない、と思うのですが、実はこれは本当の話です。子育ての特別なノウハウもなければ、指導するだけの中身を持っていない場合が多いのです。むしろ子供から「うちの親は大丈夫かな」と思われています。ひょっとすると、子供自身、しっかりしないと親と同じになると思うのかも知れません。

子供は自ら軌道修正をする能力を持っているのです。家庭がごく普通であれば、子供は放っておいた方がよいのです。

元来、子供は超優秀にできています。そのことが理解できなくては子供を潰すことになります。

現在は核家族、少子化時代です。親の目は、特に母親の目は子供に集中しています。それよりご自身の夫にもう少し心配りをした方が、家庭の幸せにつながるのではないでしょうか。

■子供に石をぶつけるお母さん■

お母さんはこの世で、地球上で、誰よりも子供のことを愛しています。誰よりも大事に思っているし、誰よりもいとおしく、かわいいと思っています。だからよけいに子供の行動やしぐさについて干渉したくなるのです。ついつい小言を言ったり、ガミガミ言ったりするのです。これは子供がかわいいがゆえに言っていることであり、いとしいがゆえに出てくる注意なのです。

これがいけないのです。

この小言やガミガミが、実は子供に石をぶつけ、鉄砲で撃っている行為なのです。どんな状況になろうとも、子供を潰してはなりません。もっとも母親が子供を潰そうなどと考えていないことは百も承知の上ですが、結果として潰していないかということです。母親が子供を潰しても法的には罪になりません。たしかに、肉体的には害を加えていないかも知れません。しかし、精神的にダメージを与え、将来の道を塞いでいるかも知れません。その罪は何をもってしても償えないのではないでしょうか。

子供は親の持ち物ではありません。子供は天からの授かりものと言われているではないですか。母親が子供をいじくり回して潰しているとしたら、これほど申し訳のないことはありません。

このことに気が付いていないお母さんがいるのです。

もっと大らかに、もっと悠々と、もっと余裕を持って、子供を見守る姿勢がほしいものです。要はお母さん、真面目でちょっと融通がきかないのは要注意です。真面目で子育てに一生懸命になりすぎて余裕がなくなっていると言えます。

子供の成長

■高学歴社会と子供のしつけ■

高学歴社会へ対応するために教育費がかかりすぎるという社会と親側の生活設計上の事情が少子化の一因とも考えられます。その結果、親の目は少ない子供に集中し、親の目のバリア内で子供は息づまり現象を起こしています。

優秀な成績の子供を作ろうとの思いが、かえって子供を潰すことになっているという悲しい現実があります。親は苦労して、塾代や教材費や本代を捻出しながら、一方で子供を潰しています。何のための苦労か、何のために生活費を切りつめたのか、わかりません。

もうひとつ見逃してはならないのは、しつけができない親が多すぎるということです。最低限のしつけができなければ、社会に通じない人間を作って世に送り出しているということになります。

ガミガミ言うことはよくありませんが、ガミガミ言うなというのは「しつけ」と「物事の道理」を教えるのを怠ってもいいということではありません。これだけは親の責任として教えなくては、子供は大人になった時、羅針盤を失います。しなくてはならないことと、してはならないことを区別して教えることです。

高学歴よりこの方が大事です。優秀な成績の子供を作るより、優秀な人間を作ることが大事です。

■子供は驚異的に成長する■

子供と距離を置き、客観的に冷静に見ていくことです。幼児期における親の都合だけの溺愛ではいけません。

第一反抗期（三～四歳）は何とか乗り越えたかのように見えます。第二反抗期に入るまでの七～十年間の子供の成長は驚異的なものです。テレビのなかった時代からすると、現在の子供の三年間の知識レベルでの成長は、昔の五十年から六十年に匹敵すると言われています。

また、人間の脳の発達は、母親の胎内に宿ってから三歳までの間に六〇%、三歳から九歳までの間に八〇%に達すると言われています。この数値は驚異的であり、その発達の中身は計り知れません。つまり子供の人生にとってもっとも大切な時期が母親の妊娠から始まって九歳までと言えます。

しかし、母親のレベルが変わっていかなければ、第二反抗期も同じ物差しで子供と接することになります。物差しが成長していないのと、距離を置いていないことから、子供の内面的な成長、変化が見えません。子供の内面的な成長、変化を感じとらないと、それだけで子供は親に幻滅を感じます。つまり、親は成長していない、尊敬に値しないと見られるのです。

子供はいつまでも母親の手のひらの上に置いておくことは不可能です。できるだけ早く子離れをしなければなりません。いかに早く子供を一人前の人間として扱ってやれるかが子供の自立に大いに役立つのです。早くお子さまランチから、普通のメニューに変えてやることです。

私が子供の頃、両親と一緒に親戚の家に祝い事や法事などで行った時に、両親にはお膳が出ているのに私には子供用の別の料理でした。いつの頃かは忘れましたが、両親と同じお膳が出されるようになりました。その時に思いました。いよいよ一人前に扱ってくれるようになったのか、これからはそういう扱いをされるということを自覚しなければ、と。

これと同じように、周りが子供をどういう扱いをするかで、子供自身の自覚が変わるということです。

■ 子供の可能性は無限大である ■

親が現在の姿と器で子供を計り、「うちの子には無理では」とか「うちの子にはできそうにない」とか、子供の可能性に制限を加えているケースのなんと多いことか。

このことが一番の問題です。

数億の精子と卵子の中から最優秀の勝者が我が子になっているという事実を知ることです。子供がヤル気になったらどんなことでも叶えられます。

だから、親が自分の器で判断しないことです。子供は可能性で判断することを心がけねばなりません。親の物差しでは、今の器の限度内でしか測れません。子供は生まれながらにして親の物差しの限度を越えていると信じることです。

子供の幼児期から少年期の旺盛な好奇心と吸収力がそのことを物語っています。その好奇心と吸収力に親が応じてやれば、子供は無限に伸びるのです。子供の可能性は無限大であると親が信じることです。

いい加減に扱っていると親の器を越えないことになります。

親の成長

■ 母親の成長 ■

子供には子供の人生があります。

親が子供の一生を見ることは不可能です。「我が子は目に入れても痛くない」とは、どの親にも共通している思いです。それゆえに子供のことは、一生のスパンで考えてやることです。子供の成長と時期に応じた、かかわり方があるのです。

だから、ある時期に親が早く子離れをしなくてはならないのです。

世の母親たちにこのことをわかってほしいのです。母親の内面的な成長がとても大事です。

山岡荘八の『織田信長』に「妻はつねに良人《おっと》と肩を並べて伸びねばならぬ。その伸びの止まった時には、妻の座は男の玩具《おもちゃ》か軽蔑された扶養者の位置へ、さっさと堕されてゆくのである」と書かれています。これと同じように、「母親は子供の成長と同じように成長しなければならない。その成長が止まった時には、子供は母親を軽蔑し、単なる食事を作ってくれるというただの人の位置へ落ちていくのである」

一旦、子供から軽蔑されると、信頼を取り戻すのに時間と労力が必要になります。だから、母親が子供と共に成長することが大事なのです。いや、子供より一歩前を歩いていなければなりません。

それでいて母親は前から子供の手を引っ張ってはなりません。子供にわからないように、そっと後ろから背中を押してやることです。

■子供との接し方■

親はそれぞれの子供にどう対応したら良いのかを見つけ出すことです。

そして信じてやること、子供を信じてやれなかったら、その分子供から裏切られることになります。

「何でもいい。まず、子供とのとっかかりを見つけ共感し合う、そこから次の段階に進める」

子供が親に心を開かなければ親の負けです。

「与えるとか、教えるということではない。子供たちから学んだことを、子供たちに返してやる。そういうことなんだよ、俺たちの仕事は」

「子供に多くのことを期待してはいけない」

「子供に独りよがりな期待を抱くことが、本人にとってどんなに大きな負担になるかを思ってやるべきだ」

「僕たちにできることは子供に寄り添ってやること、そして健康と自分を愛する心を与えてやることだと思う」

「子供に過大な期待をかけて苦しめないでほしい」

「子供にどんな花が咲き、どんな実がなるかを知っているのは、親や教師ではなく本人なんだから……」

そして卒業式、特別養護学校の生徒を前にして、

「何にもしてやれなくてごめんね……ごめんね……」

（この後、リュー先生は胸が詰まって何も言えなくなり机に手をついて泣いている）
これらは映画「学校Ⅱ」の名シーンでリュー先生のセリフです。

■　不登校の子供を持ったお母さんの話　■

ある日突然、子供が不登校になって母親は悩みました、どうして急に学校へ行かなくなったんだろう、と。自らを見つめ直し、よく考えてみると、ここしばらく忙しくて子供にかまってやれなかったこと、淋しい思いをさせたこと、子供が話しかけてきても邪険に扱ったこと……いろいろと頭をよぎります。

そこで子供に「お母さんが忙しくかまってやれなくてごめんね」「淋しい思いをさせてごめんね」「つらい思いをさせてごめんね」「……ごめんね」「……ごめんね」と、子供の気持ちに整理がつくまでお母さんは謝ったと言います。すると子供が「僕、明日から学校に行く」と言って、不登校は治まったというのです。

子供は自分のことを理解してくれたと安心をしたのでしょう。やっぱりお母さんは僕の味方だった、やっぱりお母さんは僕のことを心配してくれていた、ということが確認でき安心をしたのです。

ここで大事なことは、母親は自分の心の中では子供の不登校は私のせいではないかという思いがありますから、「学校へ行かないのはお母さんのせい？」「お母さんが原因で学校に行かないの？」など、どうしても子供の心に探りを入れたりします。子供は母親のせいであっても、母親に気を遣って「お母さんのせいではない」と言うかも知れませんが、本心からではありません。「お母さんは何もわかっていない」と思っています。

これによってせっかく開きかけた子供の心が再び閉じてしまい、元に戻ってしまいます。

■家庭内での強迫観念■

母親が気配りのできない人であったり、自己中心的な人の場合、母親が発する「きちんとしなければ」といった一種の強迫観念で、家族が息づまっているということになります。母親の強迫観念は家族全体で受けますが、家族の中で精神的に一番弱い存在の者がもっとも影響を受けることになります。

例えば、夫が一番弱い存在で内にこもる性格の場合、精神的圧迫感から胃潰瘍やもっと重い病気になったりします。もしくは出社拒否になるか、なんとか出勤できても帰りたくない症候群になったりします。子供が一番弱い存在の場合、登校拒否、不登校、非行、果ては家庭内暴力へと発展するかも知れません。

母親の愛情を感じない子供は「いじめ」をする側になることもあります。この場合、厄介なのは加害者である母親には、自分が原因で家族が強迫観念で悩んでいると全く自覚がないということです。当然、自分の家族を被害者にしようなどとは夢にも思っていないのは明らかです。

でも、そのことで被害を受けている者が家族の中にいるという事実があります。それぞれの家庭における個々人の力のバランスがどう現れているか、加害者になる人、なりうる人は、この点をよく考えないと笑えない現実が我が家で起こるという危険があるのです。物事というのは、加害者と被害者では影響を受ける度合に天地の差があります。同じ家族でありながら、加害者は全く気が付かない、被害者は瀕死の重傷、立場の違いがここまで差をつけます。

家族のうちで誰が被害者になっても、母親はそのことを真剣に悩みます。悩んではいるが根本原因に気が付いていないということになります。子供に石をぶつけては慌てて治療し、子供を包丁で傷つけては慌てて病院に連れていくのと同じ状態を繰り返しています。いつまで経っても解決にはなりません。かわいそうなのは家庭内の被害者であり、もっともかわいそうなのは子供です。

■その時お母さんはどう対応するか■

こうなった場合の解決策は、母親は夫に対しては、頼りにしている、尊敬しているということを言葉と態度で示すしか解決の方法はありません。子供に対しては、子供の側から見て母親は自分の味方である、僕（私）のことを大事に思ってくれている、僕（私）のことを絶対好きだと思っているというふうに、母子の間に信頼関係が成立しなければ解決しません。

下手をすると、母親は家族のこうした姿を見てノイローゼになったり鬱になったりして、家庭の中でどんどんエスカレートし、増幅していく場合があります。こうなると始末が悪いのです。

自分の蒔いた災いの種が我が身に返ってくるという、ブーメランが止まることを知らず、家族の間を行ったり来たりしているうちに悲劇が大きくなっていくということが起きます。母親には自覚がないのは、たいていは頑固であるため、誰かがそのことを伝えても聞き入れようとはしません。まるで地獄です。

かわいそうなのは被害者となる家族、そして加害者である母親です。なんでこうなるのか、母親のわがままと独りよがりの一方的な押しつけの愛情が原因である場合が多いのです。

お母さん、ちょっと家族が悩んでいることの本質を考える余裕を持って下さい。それだけです、それだけで解決するのです。

■原因を冷静に見つめること■

子供が不登校や非行に走った場合、この原因は一〇〇%自分にあると母親が思って、猛烈に自己反省すれば解決への糸口が見えてきます。見えてくるものです。

但し、大事なことは猛反省はしても自分自身を責めないことです。自身を責めると原因を冷静に見つめることができなくなります。そうなると解決への道が遠のくからです。

母親に対する試練と受け止めるしかないのです。

反対に自分のせいではないと言って認めたくないと、解決への道が断たれていると言えます。

素直でないお母さん、強情なお母さん、自己中心的なお母さん、子供の苦しみをわかってやって下さい。あなたの大事な宝物です。真剣に耳をすまして聞いて下さい。子供の悲鳴が聞こえてきませんか？　子供の叫び声が聞こえてきませんか？　真剣に考えて下さい。必ず何かが見えてきます。

親が子供を潰すことは許されません。他人が我が子に傷を負わせたり、他人が我が子を潰そうとしていることがわかった場合、お母さんは命を張ってでも阻止しようとしますよね。

■　母親が子供から信頼されているか　■

子供の登校拒否、不登校と母親が子供から信頼されているかどうかには、重大な因果関係にあります。子供が母親を自分の味方であると認識していれば信頼関係にあると言えます。これがない場合の親子関係は絶望に近いと言えます。

登校拒否、不登校は子供からの母親や学校に対する悲痛なメッセージであり、そのことを子供は母親に理解してほしい、わかってほしいと願っているのです。

母親はこの世の中でもっとも大事な存在です。母子の間に信頼関係が持てれば解決の方向が見出せます。

それも母親だけの一方的な考えではなく、子供の側から見て母親を信頼しているかどうかが問題です。

■父親は男の子に、母親は女の子にもっとかかわろう■

男の子というのはどちらかと言うと、母親より父親がかかわった方がかかわった分だけ子供の人間的成長が早くなり、物事の考え方も早く大人になります。父親が父親の目を通して世間のこと、社会のことを教えることです。

子供の成長の過程で必ず父親を必要とする時期があります、この時期を外してはならないのです。

母親がかかわりすぎると子供は方向を間違えていくような気がします。母親がかかわるというのは、かわいくてかわいくて仕方がないというかかわりを言っています。母親は男の子と適当な距離を置いて、極力父親へ父親へと誘導していくことです。

女の子はその反対を実行し、母親が積極的にかかわることです。

両親の役割を間違えないことが、それぞれ男らしい子供、女らしい子供に、そして、大人に成長させることが可能になります。

■お母さん、肩の力を抜こうよ■

お母さん、肩に力が入っていると子供は疲れ、家族も疲れます。家の中が息苦しくなって子供も家族も家に帰りたくなくなるという現象が起こります。子供は非行や不登校になったり、夫は帰りたくない症候群に悩まされるのです。

その証拠に、会社で仕事が終わってもだらだらとしゃべっていたり、パソコンを私物化していたり……とにかくなかなか帰らないという中年のなんと多いことか。ちょっと一杯飲んで遅くなる……要するに帰りたくないのです。

そういう家庭に限って、子供が学校から帰ってくると「おかえり」よりも先に小言が出たり、夫が帰ってきても一言目が「子供が言うことをきかず……」とマシンガントークをしているものです。このことを指摘しても、お母さんはそんなことはないと否定します。

何があってもいいじゃぁないですか。明るく振舞い、子供や家族がほっとする空間を作ってやりましょうよ。子供はだらしないところがあります。夫は片付けない、会社に行くといつ帰ってくるかわからない。母親はイライラするかも知れません。お母さんは真面目で一生懸命なのです。その真面目と一生懸命が家の中を息苦しくしているとしたら……何のための一生懸命かわからないじゃないですか。

もう一度言いましょう。

「お母さん、肩の力を抜こうよ」

そのことで子供は勿論家族全員が救われるのです。そして、「お母さん自身を救う」ことになるのです。

一　高校生活

高校受験

▼安全を優先させる学校▲

公立の小学校、中学に通っている中学生にとって、高校受験で「受験」というものが初めての経験でしょう。不安と希望が入り交じり、君たちの心は揺れに揺れるのでしょう。不合格という、これまでに経験したことのない悲しみを経験する人もいるかも知れません。不安と恐怖——不合格になれば、周りから冷たい目にさらされるかも……。

受験校を決める時、君たちの希望通りとはいかず、学校の都合や親の意見が優先されてしまう人もいるかも知れません。家族や本人はより高いレベルの高校を望みますが、学校側はより安全をめざします。学校は高校受験に失敗されては困るので、必ず合格できる高校を選ぼうとするものです。偏差値なるものがあって、子供が挑戦する前に合格可能な高校をしぼってしまうのです。そして、挑戦する前に戦意をなくさせ、入れる高校を決めます。

■ 親の責任を自覚 ■

日本の親たちの傾向として、受験にしても、学校での出来事にしても、世間での出来事にしても、責任の所在を家庭、子供以外のところに持っていこうとします。ここに問題があるのです。

例えば、子供が池に落ちるような事故にあったとします。この時、日本では国や地方公共団体に損害賠償を要求します。その池はフェンスがしてあり、立入禁止の看板がかかっていても、管理者責任ということで訴えます。

どのような状況であれ、立入禁止の区域に入れば、それで何が起ころうとも立ち入った側の責任であるはずです。ところがどういうわけか日本の場合、管理者責任が問われ、訴えた方が勝つ仕組になっているから不思議です。

会社でも、個人の責任の所在が曖昧で、集団責任の形態がとられています。また、いつまで経っても常に上司がいるため、ナンバー2の存在から抜け出せなく、決定権が持たされず、責任を持って仕事をさせないシステムの会社も多いように思えます。

こうしたことがベースにあるから、自ら責任を取るという意識が芽生えないのです。このことを国民全体が引きずっているように思います。

こういう国民性であるから高校進学、高校受験に対して、後々、学校の責任問題にされてはかなわないということから、学校側はバリアを張るのです。すなわち、学校側はどこでもいい、入学さえしてくれれば、と。そのためには安全が第一であり、安全な学校を選ばざるを得ないのです。

日本人が何事も我が身に起こったことは自らの責任であるという自覚と態度で臨めるようになり、責任はすべて親にあり、家庭にあり、子供にありという考え方ができるようになれば、進学の問題は、学校が決めず、本人が本人の意志と責任で決められるようになります。

■ 親子で勉強 ■

高校受験は、親にとっても二十～三十年以上も前のことで、その経験は役に立たちません。だから、そこらじゅうから情報を集めてやきもきするのです。

親、特に母親は子供の顔を見れば、「勉強、勉強」と言って子供のやる気を奪っていきます。

子供自身は勉強をしなければならないことを一番よく知っています。この時期は子供の神経もピリピリしています。

「ようしやろう」という時期が子供によって違いがあるということです。その時期を早めたいと思えば、勉強のことは一切言わない方が賢明です。「うちの親は勉強のことを一切言わないけど大丈夫だろうか」と子供が心配するぐらいまで辛抱することです。

それでも、親が子供に勉強しろと言うのであれば、その前に自らが勉強する姿を見せることです。そうでもしないと子供は納得しません。

本を読んで見識を高めるとか、市民大学、セミナーなどに参加して知識を吸収することです。

親が勉強する姿を見せないで子供に勉強しろと言うのは、かえってマイナスであり、言う資格がありません。資格のない親が親の権威と権限だけで強制しても今の子供は納得しません。子供の側からすると何の説得力もないのです。

勉強しない子供はいくら言ってもやらないものであり、する子供は親が何も言わなくても自らするものです。親が言っても言わなくても、やる子はやる、やらない子はやらないのです。このことはハッキリしています。

だから、親としてヤキモキするだけ損であり、子供にとってもはなはだ迷惑な話です。

親は子供から相談があれば、いつでも相談に乗る準備があればよいのです。親は子供の状態をよく観察して、将来の相談相手になるだけの準備はしておかなければならないでしょう。

■ それぞれの人生 ■

家族や本人の希望は別として、どんな子供にも行ける高校はあります。

それぞれの子供に合った人生があり、将来の道があります。

やる子にはやるだけの人生が、やらない子はやらないだけの人生が、差がつくのは仕方がありません。本人が背負うしかないのです。

学校へ通っている時期にやるべきことをするか、学校を出てからするか、やらなければならないことの総量は同じです。総量は同じですが、早い時期にやるべきことをやった人の方が、その後の人生におけるトータル的成長のカーブに違いがあるのです。やる子はどんどんよくなっていきます。それでもやらない子は、どこかで頭打ちになるのです。

この時期が早ければ早いほど、子供の人生にとっては良い結果になるところを、親がやかましく「勉強、勉強」と言うことによって、時期を遅らせることになるということを知らねばなりません。我が子は、よその子と違うという認識が基本にあるべきです。

親は、子供のことをよく見極め、どうしてやることが一番良いのかを、子供とよく話し合って、方向性を本人の意志で決めるというスタンスを取るようにしたいものです。そして、親はそのことを見極め、アドバイスできる立場でありたいものです。

子供は親の思う通りにはいきません。子供は自分の思う通りのことをするものです。だから親は子供の背中を後押ししてやれるよう、時期を見守ることです。

■ 批判をすれば我が家に返ってくる ■

学校教育に対して、画一的な個性のない人間を作っていると批判をしている親たちは、実は同じことを家庭でしています。学校教育を棚に上げて、我が子を画一的な、無意味な競争の渦中に無理矢理押し込んでいることに気付かなければなりません。

一流大学、一流企業に入れるようにと思って、いやがる子供を無理矢理塾に通わせています。それなのに学校教育を批判します。批判をすればそのことが我が家に返ってくるということです。

自分の子供を信じて、どこまでも信じて、おおらかにのびのびと育てること、これしかありません。

そして、子供の選んだ高校受験を見守ることです。子供と、とことん話し合ってもいい、親がじっくり子供の特徴、将来の道を見つけてやってもいい、それぞれの子供にそれぞれの人生があるという目線で子供を見てやりましょう。

■学習塾の時期と考え方■

小学生、中学生、高校生と、どの時期かで学習塾のお世話になる人が多いでしょう。何らかの形で学習塾の経験をします。

この学習塾は、小学生の間は親が決めます。中学生になると友達同士で決めます。高校生になると自分で決めます。遊び盛りの年代でありながら、子供なりに世間の空気を感じ、塾へ通うようになるのでしょう。

いずれにしても早くから学習塾に通っていると、肝心の時期に勉強嫌いになり、息切れを起こし、取り返しのつかないことになります。

子供に勉強のことで息切れを起こさせないため、親子で、塾や勉強というよりもっと大きな人生、一生というスパンで話し合うべきです。

そのためには親はもっともっと勉強することです。より大きな立場から子供に話ができるよう、知恵と見識を磨いておくべきです。

親は我が子が他人の子供より少しでも早く抜け出てくれることを願っていますが、子供は個々に違いがあるということを認識しなければなりません。

日本の親は、足元の今日のことしか言わない、そして、今日のことも明日のことも、親が決めようとします。子供には未来があり、明日があります。

明日のことは子供が決められるよう、アドバイスのできる感性がほしいものです。

高校生になって

▼淡い思い出▲

中学生時代は徒歩通学でも、高校生になると電車やバス通学をすることが多くなり、通学距離、通学時間が長くなります。

電車やバス通学では、これまでになかった経験をすることになり、たまに、わくわくすること、どきどきする出会いがあります。

その電車には毎日かわいい娘《こ》が三両目に乗っています。同じ車両に乗ろうと思いますが、ちょっと気恥ずかしい思いと、変に思われるかもという考えが頭をかすめます。やっと勇気を出して同じ車両に乗っても、近くには行かないで数メートル離れた位置からチラチラと横目で見ています。なんとか気が付いてくれないかな……でも気が付いてくれそうにないな。じれったい思いをしながらの通学が続きます。やっとの思いで勇気を出して近づいてみると……なんとボーイフレンドが現れます。かくて淡く悲しい恋物語は終わるのです。次のかわいい娘が現れても、同じような淡く悲しい物語が続きます。今度こそはと勇気を出して話しかけられる状況になったら……卒業です。三年間はアッという間に過ぎます。だから、かわいい娘を見つけたら即アタックしておくことです。断られることもあろう、変なヤツと思われることもあるでしょう。その度に悩めばいいのです。

青春時代の人間として成長するための通過点で、ドキドキ、ハラハラと小さな胸を痛めながら悩むのもこの時期です。

これも、君たちの成長の糧としての楽しい悩みかも知れません。

いろいろなジャンルの悩みを経験することが君たちの成長の糧になります。

▼ 時には勇気を出すことも ▲

私が高校生の頃、市電（路面電車）に乗って通学をしていました。私の通っている高校の近くに女子高があり、どちらの高校も電車から降りて十五分程度歩かなくてはなりません。駅から高校までは、女子高の生徒と同じ方向に歩くことになります。

いつの日だったか、通学途中にいた女子高の生徒の前を私が通り過ぎると、その娘が後ろから着いてきました。初めは何か変だなと思っていましたが、しばらくしてからどうやら私の後をついて来ているらしいとわかったのです。

当時は、自分で言うのはおかしいのですが、高校生が異性と付き合うということに気恥ずかしさと少し罪悪感がありました。だから、私の方から何のアクションも起こせませんでした。そして相手の方もそれ以上の行動には出ませんでした。こんな日々が随分長いこと続いたのですが、お互いに名前を名乗り合うことも、口をきくこともなく過ぎてしまいました。

今からウン十年も前のことですが、女の子はおませだったのでしょう。ちなみに、この女子高生はとても美人でした。もったいないことをしたかも知れません。

■人間としてのけじめを習う■

部活動というのは、社会に出てからの人間関係、中でも上下関係の、基本的なルールが自然に身につくところです。部活動で、先輩後輩のけじめを習い、同級生との共通の問題に悩み、共に考え苦しむという経験が大事です。

今、社会人になってもろくに挨拶もできない人が多くなっています。上司の方から「おはよう」と挨拶しても頭を下げるだけで、言葉を発しないという若者が増えています。

上下関係も職場のルールも弁《わきま》えない人が多くなっているのです。最近の家庭では、しつけがされていないのではないかと思えることが多くあります。

だからせめて、部活動で先輩に対する言葉遣い、目上に対する礼儀作法を習うということは、青少年期の通過点における大事な経験となります。

学校を卒業してから長く付き合っている友達というのは、部活動の仲間たちであることが多いものです。これは、先輩、後輩関係なく長続きします。古い言葉に「同じ釜のメシを食った仲間」という言葉がありますが、まさしくその通りで、この仲間の絆は強く、深いのです。先輩からけじめや上下関係の基本的なルールを教えられたことが心の深い部分で生き続けているからです。

放課後

▼コンビニ、ファストフード▲

駅から学校までの間には、今やコンビニかファストフードがあるというところが多いでしょう。

六時間授業を終えて部活動をするとお腹が減って家まではもちません。当然、どこかで何かを食べることとなり、その時、近くにコンビニかファストフードがあるというのは実に助かります。三年間、駅前か通学路途中のコンビニまたはファストフードでお世話になります。

店側にとっては上得意様です。何年経っても生徒が変わるだけで、客数の確保ができる有り難いお客様です。

その費用は親の負担が多いでしょう。

店に入れば同じ学校や近くの学校の生徒がいます。コンビニの前でお尻をコンクリートの床にベタッとつけて口をモグモグ動かしながらペットボトルのジュースを飲んでいるヤツがいます。

正直、あまりよい姿とは言えませんが、ゴミを出さない、騒がないなどの最低限のマナーを守れば、それも青春でしょうか。

▼駅から学校までの間にも楽しみがある▲

駅から学校までの間を三年間通い続けると、途中、どこの店が何時頃に開店し、どこの店にかわいい娘《こ》がいて、どこの店に格好いい店員さんがいるかをチェックしますね。同じように向こうは向こうで、店の前を通る君たちをチェックしています。○○高校の一年生にかわいい娘がいて、朝は何時頃に、帰りは何時頃に店の前を通るなあ、と楽しみにしています。

こういうことは一方通行とはかぎりません。こちらから声をかける前に向こうから声をかけてくるということもあります。三年間の通学中に友達関係になり、卒業してから本格的に付き合い、結婚まで進んだという話もありますよ。

▼ 朝までカラオケ ▲

あってはならないことですが、高校生が朝までカラオケをしているということがあります。遊びたい気持ちは理解できますが、やはりいただけない行動です。社会通念を持ち出す気はありませんが、高校生としての基準やその行動が高校生として警察の補導を受けるような行為であるかないかはやはりあると思います。

今、急いで大人の真似をする必要はありません。

警察の補導と言いましたが、自分の行動は自分で責任を持つということがもっとも大切です。

同性の友達同士でも、相手の家庭の考えもあるので、少なくとも十時までには帰るなど、学生らしい遊び方をしてほしいものです。

もし、朝まで過ごしても何も言わない家庭であれば、そのことが問題です。

高校生の意見を聞くと、カラオケで深夜までとか朝までというのは、みながやっていることで特別なことではないと言います。この高校生本人が言うところの「みんなやっている」「みんな持っている」は当てになりません。マーフィーの法則では、子供が言う「みんな持っている」の「みんな」は、せいぜい二、三人のことを言っているとあります。

その通りなのでしょう。

授業

▼授業中は眠たい▲

当たり前のことですが、学校に通っているのですから、授業は避けて通れません。

高校生になったら、授業を受ける、勉強をするということは、権利であるという点を自覚しなければなりません。そのことによって未来の自分自身に対する責任を果たすことになるからです。

しかし、授業中は眠たいものです。

夕べ遅くまで、テレビを見ていて、ゲームをしていて、友達と電話で話をしていて、音楽を聴いていて……。

ひょっとしたら遅くまで勉強していた人もいるかも知れませんね。読書に熱中していたのかも知れません。

どちらにしても授業中は眠たいですね。

何とかならないものでしょうか？

好きじゃない授業に限って午後一番の時間割になっているものです。人間は満腹だと上のまぶたと下のまぶたが仲よくなるようにできています。

それにしても授業中は眠くて仕方がありません。

しかし、授業中にしっかり起きていられるように体調を整えておくことができる人は、それだけで優秀な人ということになります。

授業というものは聞く一方の場合は眠たくなりますが、授業に参加すると眠くなくなるものです。

▼授業中が勝負▲

身体の機能が眠くなるようにできていても、興味のあること、好きなことであれば、眠くならないということも事実です。人間は興味のあることや好きなことには眠気を吹き飛ばして熱中できる機能を備えています。

だから、嫌いな授業であっても予習、復習をしていれば、授業の内容がよく理解できるため、興味がもてるようになり、眠気をどこかへ吹き飛ばすことが可能なのです。

もうひとつ、自分が授業に参加している場合は眠くありません。授業に参加するとは、積極的に発言することです。

授業中にしっかり聞いていることで、勉強の八〇％以上をクリアしている生徒もいるというのを知っておかなければいけません。

時々、「家では少しも勉強しません」という生徒で試験の成績が優秀、高校受験の勉強もあまりしなかったのに有名校に合格したという生徒がいます。よく聞いてみると、授業中に先生の言うことを真剣に聞いていると言います。わからないことは授業中にすべて質問して解決させているというのです。そして試験前になってもあまり遅くまで勉強はせず、全体に軽く目を通すだけで、比較的早く休んでいるらしいのです。

こういう生徒の頭の構造はどうなっているのだろうかと思いますが、その答えは授業中の態度、授業に臨む姿勢にあったということです。

頭の構造は、ほとんど差がないということ、脳細胞が百億個以上平等にあるということを知っておいてほしいのです。

▼得意の教科で突き抜けろ！▲

大事なことをひとつ言っておきます。

どの教科でもいいから、一度どれかの教科で突き抜けることが大事です。

君たちは突き抜ける一歩手前のところで悩んで、足踏みをしています。一歩手前どころか、ずっと手前であきらめている人も大勢います。それでは元々超優秀に生まれてきている自分自身に申し訳ないと思いませんか。

例えば、英語を例にとると、中学、高校生時代の勉強は試験のための勉強が中心です。単語を覚えるためにカードを使ったり、ノートを使ったり、『英単語ターゲット1900』（大学JUKEN新書）や『英熟語ターゲット1000』（大学JUKEN新書）で勉強しています。文法も一生懸命に覚えます。

こういった勉強では英語そのものが面白くありません。試験のためだけの勉強だからです。

そうではなく、勉強の成果を試し、確認するために、まず英語のマンガを読むことを、その次の段階で辞書を片手に英字新聞を読むということを勧めます。

家で購読している一般紙と同じ新聞社の発行する英字新聞が英文を訳す時に役立ちます。最初は詰まりながらで、さっぱり進まないかも知れません。きっと三日もしないうちに嫌気がさしてくるでしょう。それでも続けることです。続けることによりやがてどこかで少し光が見えてきます。それでも続けると、今度はある時パッと光が差したようにすらすらと訳せる時がきます。

それが突き抜けた瞬間です。目の前が輝いて見えるようになります。この時、人間も変わり、自分自身が数段上の人間になったような気がするでしょう。暗い長いトンネルから抜けると真っ赤な太陽が燦々と輝いている情景です。自分自身がまぶしく感じる時です。

それから先は英語が面白くて面白くて仕方がないという毎日が続きます。

一度何かの教科で突き抜けると他の教科の苦手なものでもある程度のレベルまで押し上げることができます。そのことが自信となって他の分野のことでも突き抜けられる可能性を自分自身の内側に確信することができるようになります。

このことを経験するかしないかで、君たちのその後の勉強に大きく影響してきます。

中学生時代か高校生時代か……私は高校二年の夏休みぐらいまでに経験することが望ましいと思っています。それは、大学受験に間に合うという物理的時間がギリギリであるということを勘案してのことです。

もっとも早ければ早いほど、その後が有利に展開できるということは、論を俟ちません。

あなたの選んだ学校

▼何を基準に選んだか▲

君たちは、それぞれの学力と希望と個人の学習レベルの違いにより、今の学校に入学しました。というより入学できる高校を選びました。

ひょっとすると君たちが通っていた、中学校が選んだのかも知れません。

入学してみると、入学前に抱いていたイメージと実際との違いを知ることとなります。友達に夢を壊されることもあるでしょう。先生に絶望することもあるでしょう。校風に不信を感ずることもあるでしょう。よい友達に巡り逢える人もいるでしょう。よい先生との出会いを経験する人もいるでしょう。

しかし、どう感ずるかはその人のレベルが高ければプラス側に、低ければマイナス側に感じることとなります。

通学が始まるとそれぞれに制服、制帽、カバン、あるいは襟や胸につけた校章などにより、どこの学校の生徒であるという看板を背負って歩くことになります。

世間は君たちのレベルを通学する学校のレベルと評価します。世間の評価はともかく、その学校で決められた年数を通学することとなり、少なくともこの期間は、世間は一般論的なレッテルにより君たちを通学する学校のレベルの生徒という目でみます。

こうして世間レベルの域を出ない他人様の評価の洗礼を受けることとなります。この洗礼は、ほとんど当てにならないと考えて間違いありません。

中には、勉強好きがいて人より一年または数年長く勉強をする人、慌て者で早く出ていく人もいるでしょうね。

▼遠くを見ること▲

入学した学校でその人の人生が決まるわけではないので、どこの学校に入学しようと、どこの学校を卒業しようと、その時点での世間の評価は気にする必要はありません。

要は、卒業後も含めてどういう自覚でどれだけ、世間に通じる人間になろうとしているかが問題です。

大事なことは、君たちがどれだけ遠くを見ているかで決まります。遠くとは十年先、二十年先ということです。

君たちの周りには、父親（母親）や親戚を始め知人あるいは有名人、成功者と形の違う見本がいくらでもあります。

どうすれば良い見本のようになれるかは、おおよその見当はつくはずです。

学業よりも大事なのは、この良い見本はどうしてそうなったのかという点をよく観察しておくことです。その人と話し合えるチャンスを作ることです。若い頃にどういう夢を持っていたか、どんなに苦労したか、それでも夢と希望を持ち続け頑張ってきたことが事実として聞けます。

よく観察し、事実の話を聞くと必ず答えが見えてきます。その答えを盗むことです。それぞれがより大きな目標を持ち遠くを見るために。

そのことが将来、君たちの大きな財産となります。

▼ 一生の友達を見つけること ▲

高校生にもなると一生の友達になる相手が見つかる可能性があります。友達はこちらのレベルに応じてできることになりますから、自らのレベルを上げて一生つき合える友達を作ることです。

それは一生の財産です。

部活動での苦しい練習、楽しい思い出を共有した友達。趣味が同じで意気投合した友達。生徒会の役員を一緒にして、学校に何かを残した友達。何かの研究発表のために夜遅くまで一緒に勉強した友達、等々。

長く付き合ったり、深く付き合ったりし、つながりは強く、そして深くなります。そのことで一生の友達になるのです。

いや、そのようにして一生の友達になれる人を探すことです。

▼名物先生▲

私の中学、高校時代はニックネームで呼ばれている有名（?）、名物（?）先生がいました。

鉄仮面、赤馬、カマキリ、質屋のボンボン、ホネ、ラッキョ、兵隊さん……。

一生良い思い出に残る先生がいます。一生悪い思い出に残る先生がいます。

良い先生に巡り会えた人は幸せです。先生との出会いが大きく人生を変えることがあります。

私が中学一年生の時、こんなことがありました。

この頃は体育の時間に雨が降ると教室で自習となります。その時、体育の先生は「聞いても聞かなくてもよい、自習する人は自習をしていなさい、聞きたいと思う人は聞いていなさい」と言って、夏目漱石の『坊ちゃん』を朗読してくれました。次の雨の日は続きを読んでくれます。

読書が大嫌いであった私でも、この『坊ちゃん』の朗読だけは楽しみに待っていたことを覚えています。今もその時、教壇の前に立って机に背中をもたせかけ、足を軽く交差させた姿勢で本を読み聞かせてくれていた先生の優しい顔が思い出せます。その時の声の響きまで耳に残っています。大きな声ではなく、子供を寝かしつける母親のような優しさがありました（ちなみに男の先生でしかも男らしい先生でした）。

この先生は、「読書というのはこんなに楽しいものだよ」ということがいつかわかるだろうという、深い思いやりから朗読をしてくれていたのでしょう。

後に私が読書をするようになったのはこの先生のおかげかも知れません。

▼生徒を信用しない先生▲

私が中学一年生の時、当時は国語の時間になると必ず漢字の書き取りテストがありました。私は勉強が嫌いで、この書き取りテストが特に嫌いでした。毎回五十点以下でした（十問中五問以下の正解ということ）。

そこで、ある時、隣に座っているY君（彼も同程度）と「次の書き取りテストはお互いに勉強して頑張ろう」ということになり、次回に望みました。大したことをしたわけではなく、出題の範囲がわかっているテストですから、要は予習をして一、二回漢字の練習をしただけです。当然、二人とも高得点が取れました。

先生から「よく頑張ったね」「やればできるじゃないか」と誉められるものと二人とも思っていました。ところが返ってきた答えは全く逆で「あんたら二人でカンニングしたやろ」ときました、それも生徒が全員いる前でのことでした。

日頃が悪いから仕方がないと言えば仕方がないことですが、こんな時、生徒のことを考えている先生であれば「よく頑張ったね、やればできるじゃない」と言ってくれ、「よし次も頑張ろう」ということになったものを……。

この件で二人とも「頑張っても同じや」ということになってしまいました。逆戻りです。

教師の一言は生徒の未来に大きく影響します。

勉強は嫌いだったから勉強はしなかった、でも不良ではなかった。その程度のことがわからなかったのか、しかもクラス担任の先生だったのに。当時はクラスに五十人以上いたから個々の生徒のことを知るだけの余裕がなかったのだろう。今、大人になればそれくらいは考えられますが……。

担任の先生の一言は子供の将来に大きな影響を与えるものです。

たとえカンニングしたとしてもたかが漢字の書き取りテストです。その結果を誉めてやるのと「カンニングしたやろ」では、その後の子供のやる気に与える影響はどれほど大きいかが、この先生はわからなかったのでしょう。

▼子供の将来を考え指導する先生▲

一方、中学二年生の時の担任の先生は、夏休みに入る一学期の終業式の日に、一年生の時と同じように勉強嫌いだった私を職員室に呼んで、「お前はやればできる子だからしっかり夏休みの間に勉強しなさい」「今やっておかないと進学の時に後悔するよ」「頑張って勉強しなさい」と諭すように言い聞かせてくれました。

先生の優しい眼差しの中に生徒を思う心が伝わってきました。

その時の先生の思いやりの深さと慈愛にうれしくて感動しました。

結果としてこの先生の期待に応えられたかどうかは別として、今もあの先生のことは深く心に残っています。その時の担任の先生の良いところばかりを覚えているように思います。

だから、中学時代でも、高校に入ってからでも、生徒のことをよく理解してくれる先生、思いやりのある良い先生を見つけて先生との「心の通った良い思い出」を作ることを勧めたいのです。思いやりのある先生は必ずいるはずです、いや必ずいます。

先生との心の通った思い出は、君たちが悩んだり苦しんだりした時に前向きな解答を与えてくれるキッカケになると思います。

将来を考える

■ 子供の良いところを見つけて誉めること ■

我が子には、たとえ日頃が悪かろうと、良いことに対しては誉めてやれるだけの親でありたいものです。

日頃、子供の行動、言動、生活態度を知り尽くしている親から見た我が子はあまりにもだらしがなく、常々頭にくることばかり……これも理解できます、ごもっともです。

「それでも子供をほめろと言うのか」と言われれば「その通り」と言わざるを得ません。

日本の親は他人の子供を我が子の前でよく誉めます。それは間違っています。子供、それは我が子であり、他人の子供ではないのです。

子供の成長を願わない親はいません。その親が子供の成長する道を作ってやらなければ誰が作るのでしょうか。

子供は一生、親から「誉められたこと」や「理不尽に怒られたこと」を覚えています。心の底に残っているものなのです。

どちらが多く子供の心の底に残っているかが、子供の人間形成に大きく影響します。

■ 学校での評価 ■

それぞれが入学した学校ではその学校の教育方針、あるいは文部科学省の学習指導要領に従った教育が実施されます。専門教科と一般教養科目があり、中にはこんなものを勉強して何になるのかと思えるような教科もあるかも知れません。しかし、学校は決められた通りに授業を進めます。

一見無駄なような教科であっても将来、どんなことに役に立つかわかりません。嫌な教科は頭の体操だと思って取り組めばいいのです。

日本の教育は、考えることをさせません。どの教科も、必ず答えのあるものか、覚えることが主体ですから記憶力が良いか悪いかで評価されます。記憶力さえよければ、学校での試験による点数が取れ、成績の良い人と言われる仕組になっています。

学校教育を受けている間は、点数の取れる人が頭がよいとの評価を受けるのです。

■ 社会に出てからの評価 ■

社会に出ると仕事や社会生活の上で、毎日答えのない問題に直面します。社会に出ると記憶力よりも物事を考える思考力や創意工夫する力の方が役に立つのです。そして、後者の方が社会に出てからの評価に格段の差がつくこととなり、出世コースを歩むことになります。

毎年新入社員が入ってきますが、中には○○大学△△学部を首席で卒業したという人がいたりします。入社当初は周りも「これはできる」という目で見ているのですが、そのうち、応用力のない、融通の利かないところが露呈し、仕事の進め方、周囲とのコミュニケーションのまずさが目立ち始め、がっかりさせられることがしばしばあります。

一方、世間の評価はさほど優秀な学校でもなく、優秀な成績でもなかった人が、回転の速さとコミュニケーションの取り方のうまさで、どんどん頭角を現わしてくる人がいます。

このことは、学校での成績優秀が、社会に出てからも通じるということではないということを如実に物語っています。

勉強で培った知識を否定しているのではありません。知識というベースは絶対に必要ですが、社会に出てから通用するのは知識の上に知恵がある人です。知恵、すなわち思考力、創意工夫力に裏付けされた応用力のある人です。

社会人になれば答えのない問題に毎日出くわします。一〇〇点を目指すのではなく、その問題をどうとらえ、いかに合格点に持っていくかということに早く気が付くことです。会社は一〇〇点を望んではいません。合格点を望んでいるのです。

■ 子供の芽を見つける ■

一般的に言って、勉強する子供は放っておいても勉強します。勉強しない子供は周りがいくら言っても勉強しないものです。

この勉強しない子供に親の見栄で勉強させようとするところから「問題の芽」が出始めます。

親は勉強嫌いの子供が勉強するようになるまで待つか、子供は何が好きなのか、どんな方面に興味を持っているのかをじっくり観察することです。決して世間の子供と一律に考えてはいけません。勉強嫌いの子供に無理矢理勉強させようとしても無駄な努力となるでしょう。

本当はある分野で一流になるべき「才能の芽」を持っているかも知れないのに、その芽を摘んでいることになるかも知れません。その才能の芽を摘んでいることになるとしたら、それこそ大きな財産を親が潰したことになります。

勉強はほどほどにできればいいというぐらいでちょうどいいのです。

勉強か、スポーツか、芸術か、音楽か、「親の目」ではなく「子供の芽」を見つけてやるべきではないでしょうか。

一　大学

受験準備

■ダイレクトメール攻勢■

高校に入ると間もなく（本当は中学生時代から続いている）通信教育の資料や学習教材関係の案内がダイレクトメールで山ほど送られてきます。二年生にもなると大学案内や専門学校案内が分厚い資料で送られてきます。

家には、連日のように通信教育資料、教材関係資料の送付と家庭教師、学生○○会、現役大学生から直接の電話攻勢です。それも母親にしかかかってきません。「教育は母親」が、母親を納得させれば、という認識が一般的なのでしょう。どこでどう調べるのか、住所、氏名、生年月日、電話番号などが他人に知られていてプライバシーも何もありません。馴れ馴れしく、「○○君のお母さんですか、私、○○大学の……」が毎日かかってきて、多い時は一日に何回もかかってきて、うんざりします。しかし、子供が大きくなれば家庭教師のバイトをするかも知れないため、同じ思いをして、他人様の家に同じように電話をするのかも、と思えば無下には断れないものです。

このダイレクトメールと電話攻勢にどこまで効果があるのかわかりませんが、親子してどの大学が良いのか、果たして我が子はどの大学に行けるのかという悩みが始まります。

教材を買わせる時のセールスマンの言葉巧みなエネルギーは、最初の二、三回は電話でそれらしく連絡をしてきますが、二ヶ月もするとその時の熱心さは完全に霧消します。

そこで、まただまされたという思いになります。

■ 子供は親があせっても慌てない ■

高校一年生の時はともかく二年生になると親が焦り出します。

しかし、子供は平気で遊んでいます。三年生になっても子供はまだ慌てません。

三年生の夏休み、それまで遊んでいた同級生の大半が最終でしかもギリギリの大学受験勉強のスタートを切る、切るらしい、切ることになっています。切らなければなりません。

それでも我が家の子供は勉強をする様子を見せません。親は辛抱しきれなくなります。

たいして勉強もせずにいよいよ受験、全国十数校を受験する子供もいます。一校の受験費用三万五千円、交通費、宿泊費、食事費を入れると軽く百万円を超えます。それでも合格すればよいが、ただの一校も合格しないという悲劇も耳にします。

たまたま合格した大学は、本人が気に入らないということで、入学金も納めているにもかかわらず辞退する、かくて一浪となります。

親は何のための投資かと頭を抱えてしまいます。

この辺で子供が気付けばいいのですが、それでも懲りない子供もいます。

こうならないために大学受験勉強は、自らの意志と自覚で早くスタートを切ることです。しかし、現役高校生は三年生の夏休みスタートが大半、これで思い通りの大学に合格しようなどと考えていること自体が異常なのです。世間を知らない行動であるといわざるを得ません。

もっとも、日頃からキチッと勉強していて、基本ができている人はこの限りではありません。

▼行ける大学しか選ばない▲

今の時代、行きたい大学には行けません。本人のレベルにあった学校を選ぶしかないのです。いや、行きたい大学ではなく行ける大学なのです。

入学は難しく卒業は簡単というのが日本の大学で、欧米の大学のように入学は簡単だが卒業は難しいというのとは違います。

日本人の場合、入学してから後悔します、「もっと勉強しておけばよかった」と。もう遅いのです。本人の能力範囲の行ける大学しか選べないということがわかっていますから、勉強しなかったという君たちの責任です。

入学してから嫌になり、大学をやめて来年の受験に挑戦という人もいます。「それまでにかけた費用は何だったんだ」と親は嘆きますが、本人はもっともらしい理由を並べて浪人生活へというケースもあります。

その先を見る

■ちょっと方向を変えると■

高校生になれば大学受験とその後の自分の将来、方向性をできるだけ具体的に仮想設定（大層なことができるわけではないかも知れませんが）できるようにすべきです。仮想設定とは、将来の目標を自身の得意と能力から判断して、どの方向に行くのか、そのために何をしたらいいのか、今をどのように過ごせばいいのかを考えるということです。

それができるよう親子で対話のできることが望まれます。

仮想設定のできない高校生は結局、平均的流れの中でしか道はありません。目標が具体的でないから、これから先をどうしていいのか、絵が描けないのです。その時その時の流れに身をまかすしかありません。

一度しかない人生それでいいのですか？

食える時代の高校生はこの平均的流れに身をゆだねる場合が大半です。こういう時代だからこそちょっと方向を変えれば君が光ることになるのです。いくら良い話を聞いても、良いということがわかってもそれを実行する人は少ないのです。だから頑張れば、頑張った以上にひときわ光彩を放って、キラッと光り輝くのです。透明度の悪い水溜りの中で光っているダイヤモンドのようなものです。

■ 能力のある人より意志ある人が事を成す ■

人間は能力があっても、能力だけでは事は成就しません。それよりも能力は劣っていても意志ある人が事を成就させます。最後には勝てるのです、目的を達成させることができるのです。

ある高校生のA君は、三年生の夏休みがきても勉強を始めませんでした。九月になっても勉強しません。九月二十三日の高校生活最後の学園祭が終わってもまだ勉強を開始しませんでした。ギターが好きで、スタジオでの練習とライブ活動が忙しかったというのが理由です。

両親はもう行ける大学はないのではと思っていたそうです。両親があきらめかけた十月になって、やっと重い腰を上げ、そこから必死の勉強を始めました、年内に何とか推薦でふたつの大学に合格しました。

彼は二回の受験で応募者の数と全国規模の受験生に圧倒され、大学に行くならもっと上のレベルをとの思いに突き動かされました。親はヤレヤレと思っていたのに、彼は大胆にも、合格した大学では納得しなかったのです。そこから彼は猛然と決意をしました。

そして、とてもその時の実力では合格できる大学ではない大学を受験すると言い出しました。親にとっては、息子の変わり様についていけません。何がなんだかわからない状況です。高校の担任もビックリ。「マジか？　そこまでレベルを上げなくても他に可能性のある大学はあるやろう」と言ってほとんど信じていないのです。

しかし、本人はなんとしても、その大学に合格したいという思いが強固でした。

A君が一念発起した時、すでに十一月、試験は翌年の二月の初めです。わずか三ヶ月しかありません。世間の常識からいってとても合格できる状況ではありません。とにかく時間がないのです。

世間ではその大学に行くため、それこそ中学生の頃から準備を始めます。少なくとも高校一年生になったらその大学を目標にして勉強を開始します。彼はそれまでにその大学をめざして勉強をしていたわけではありません。勉強するどころか、大学すら行こうかどうかと迷っていたぐらいです。

彼の高校からは、学年でトップクラスの人がやっと合格するレベルの大学です。

彼は猛然と勉強を開始しました。一日に十五時間、十八時間いやもっと勉強しました。わずかな睡眠と食事以外は猛烈に勉強をしました、お茶を飲む時間も、風呂の中でも勉強をしました。

彼が大きな目標に向かって勉強を始めたということを知ったある先輩が「三ヶ月間死にものぐるいで勉強したらどんな大学でも合格するよ」と激励しました。親はそんなうまい話があるものか、と思いましたが、今はその言葉を信じて子供を励ますしかありません。

A君の目つきが変わってきました、顔つきが変わってきました。「僕は絶対合格してみせる」と家族には宣言しましたが、内心は不安がいっぱいです。宣言することで自分自身を鼓舞し、家族にも応援してくれと叫び声を上げたのです。

それに呼応して、両親も本人と同じ思いで応援をしました。

試験が近づくと「『不合格の通知』が来て自殺した夢を見た」ということもあったそう

です。

予定通り受験。本命の試験から帰ってきた時の彼の顔は、悲嘆にくれた表情で真っ青。「出題傾向が全く変わっていた」と言って自分の部屋にこもったと言います。

本人の希望学部の合格発表の日、彼はその大学で別の学部の試験に挑戦していました。だから朝からその大学にいたわけです。しかし、彼には合格発表の掲示板を見に行く勇気がなかった。

家族もヤキモキしています。自宅にも連絡はありません。祈るような気持ちと、レベルが高すぎたのかという思いが交錯し、不合格かも……と。

夕刻六時に高等学校から彼の自宅に電話が入りました。先生の興奮した声、「お宅のお子さんが合格しました」「学校にＦＡＸが入りました」という連絡です。

母親も先生から合格の連絡を受けたものの半信半疑です。

「ほんとやろか？」

母親からホテルにいるＡ君に連絡しました。彼は初めは信じられない様子だったがやがて、「ヤッター、ヤッター」を連発しホテルの部屋で飛び上がって喜んだそうです。

本人から学校の先生にお礼の電話を入れました。先生は「すごいねー、一念岩をも通すやな、本当におめでとう。顔つきがかわっていたもんな」と言われ、自分のことのように喜んでくれたといいます。

A君は彼の高校のトップクラスの人でも合格しなかった学部に合格したのです。

このことは、能力ある人より、意志ある人が事を成すという見本です。

社会

▼社会はどんどん変化していることに気付こう▲

これだけは言っておきます。

君たちのおじいちゃんの時代は、給与、待遇面で、平準化されるよう社会全体が仕組まれていました。終身雇用、年功序列、労働組合が、それを支えてきました、みんなで頑張って豊かな日本を作ろう、みんなで豊かになろうという社会でした。ということで脇目も振らずに頑張ってきました。その結果、誰でも平均的に食える時代を作ってきたのです。

年功序列、終身雇用、労働組合で守られたのはおじいちゃんの時代。

君たちのお父さんの時代は、この三大要素が徐々に崩れだし、年功序列よりも実力主義に移行してきて、終身雇用が守れる企業が少なくなってきました。労働組合も力を失いつつつあり、この二、三十年で大きく変わってきました。

君たちの時代は会社や企業は守ってくれません。自分で自分を守らなければならない時代になっていきます。

同じ会社であれば、努力してもしなくても大きな差はなかった時代と言えます。つまり、努力した人が報われていないということです。

努力した人が報われないから、能力のある人が力を発揮しなくなってきたのです。すなわち努力する人が少なくなってきたのです。してもしなくても同じなら、俺はもっとパワーダウンしてみんなと同じでいいじゃないかということになります。

このことは、企業にとっても、社会にとっても大きな損失となっています。これでは企業も社会も維持できないということがわかってきました。やはり、努力した人にはそれ相当の対価を与えよう、努力しない人とは差をつけよう、と。

これからの社会は、努力する人としない人の差は二倍から五倍になると言われています。

だから、君たちは光っていなければいけないのです。

将来、光っているための原点が中学から大学までの十年間です。

人生１００年と言われます。

中学生から大学生までの十年間頑張った人は社会人になってからの五十年から六十年に努力をしなかった人との差が格段についた人生が待っています。

大学に行かない人も同じくこの十年間が勝負を決するのです。高校を卒業してから、大学へ行った人と比べて四年間早く社会に出ることになります。この四年間は大学へ行った人以上に仕事に頑張り、勉強することです。『入社3年目までに勝負がつく77の法則』（中谷彰宏氏）という本があります。社会人になる前に一読することを勧めたい。私はこの本を新社会人必読の教科書だと思います。私もこの本に出会ってから七回読み、その年の新入社員教育の教材として一年間使わせてもらいました。すべてが納得できる本です。

■ 勤勉グループと遊勉グループ ■

もう六十年以上も前の話ですが、某自動車メーカーの開発部門で国公立大学出身者（勉強を真面目にやってきた？）グループと私立大学出身者（学生時代を楽しみ、遊びもそこそこやってきた？）グループのふたつのグループそれぞれに開発させたところ、国公立大グループはオーソドックスで堅実設計の車を、私立大グループは遊び心のある車を作りました。当時、国公立大学出身者グループが設計した車はどちらかというと堅実な中年層に受け、私立大学出身者グループの設計した車は若者の人気を集め、爆発的に売れました。

このことがどういうことを物語っているかは容易に理解ができると思います。

勿論、中年層向けが悪くて若者向けが良いということではありません。

勉強が大事であるということは当然のこととして、物事の考え方が直線的ではなく、時代のニーズを先取りし、広がりを持った考え方ができるということが大事ではないかということです。

■十年間頑張れば五十年楽ができる■

大学卒業の二十二歳から逆算して十年間、すなわち中学、高校、大学の約十年間にやるべきことをキチッとやった人は、社会人になってから以降の四十年から五十年間を余裕を持って送ることができます。

大学に行かない人もこの十年間というのは同じ重みを持っています。だから高校を卒業し、社会人になってからの四年間が大事なのです。大学に行った人以上に勉強して頑張らなければなりません。

学校を卒業し社会人になったら「もう勉強しなくていいわ」と思っている人はそれだけの人生しか待っていません。

この十年間というのは、社会人になってから五十年かけても取り返しがつかない場合もあります。このことは心にしっかりととどめおいて下さい。

そして、中学、高校、大学の十年間にベースを作れなかった人は、社会人になってもベースは作れないというのが一般的です。

それでも、社会人になってから本気で努力をすればそれまでの十年間の何倍ものエネルギーが必要となりますが取り返しがつくかも知れません。

要はどれだけ早くそのことに気が付くかということです。早い方が楽です。遅ければ遅いほど、労力が倍加されていきます。

■ これからの時代はどうなる ■

これからの時代、企業に働く場所を借りて、いかに貢献したかが問われます。そして企業に貢献した人だけが生き残れる、その他の人は必要ないと判断され雇用されなくなります。

すべて個人にかかってきます。

これからの企業は固定給を低く抑え、実力、貢献度に応じた貢献度給が主体になってきます。同期入社であっても、二倍から五倍の報酬の差になってきます。実力のない人、企業に貢献できない人は固定給だけ、企業に貢献できる人は貢献度給が増えて差ができることになります。

こういう制度にすれば企業も採用がしやすくなり、貢献した人だけに相応の報酬を払えば良いことになります。企業経営が楽になり、年功序列、終身雇用の重荷から解放されます。

初めからそういう契約になるのではないでしょうか。

雇用責任はなくなる。企業は残るが、人は残らない。企業は楽になり、貢献できる人、できない人で選別すれば良いだけ。あくまでも会社は仕事をする場所を提供するだけ。実力のある者だけが生き残り、実力もなく貢献もできない人は残らない。

こうならないと目覚めない人が多いから。かくして、人間は目覚めていくのでしょう。

これくらいのイノベーションがなければ人類の、日本の発展は望めないのではないのでしょうか?

就職はできるが、お金が貰えないということになります。

一 家族・家庭

家族

■家族とは■

家族は何でも話し合える間柄でありたいものです。何でも聞いてくれる両親、何でも話せる両親、そういう家族に恵まれている人は幸せです。

家族とは遠慮なく何でも言い合えるものです。時として、好き勝手なことを言い合い喧嘩になることもあります。それでも、時間が経つとそんなことは忘れて仲よくなります。それがどうやら血のつながりというものらしいのです。

私は最近、家族ということについて、自分の子供はひょっとすると私が世話になった両親や祖父母の生まれ変わりでは、という気がします。世間でも、この子は死んだおじいちゃんにそっくりとか、おばあちゃんと性格がよく似ているという話があります。隔世遺伝というものかも知れません。自分が親から育ててもらった恩返しに、生まれ変わってきた親や先祖を自分の子供として育てているのかも知れません。

ということは、自分が生まれ変わる時、今度は子供や孫たちの子供として生まれ、また世話になるのでは……この繰り返しではないかと思うのです。常に人間は恩ある人に恩返しをしなければならない立場となるのでしょう。

そういう眼で見ていくと子供や家族に起きた問題は共に悩み、何とか解決の手助けをしてやろうという気になるものです。また子供や家族に何が起こっても腹も立たないし、悩みにはならないのです。

■社会における組織の最小単位■

社会における組織の最小単位が家庭です。

それぞれの家庭に家族がいて、それぞれの立場と役割があります。父親、母親としての立場と役割、子供たちも子供たちとしての立場と役割があります。三世代家族には、祖父、祖母の立場と役割があります。それぞれの立場と役割がバランスよく機能していることが望ましい姿です。

家庭というのは、母親が太陽のような存在でその母親を中心に家庭、家族が回っているのがもっとも理想的です。母親の教養と家族に対する愛情の深さがそこに形として滲み出てくるものです。

太陽のような母親のいる温かい家庭で育った子供は非常におおらかで、温かい人間性を育み成長します。

そして、家族の喜びや感謝の気持ちのすべてが何倍にもなって母親に返っていきます。母親に返ってきた家族の喜びや感謝の気持ちが、お母さん、あなたを再び太陽にするのです。太陽のような母親の愛情が再び家族に返っていきます。

この時の母親は光り輝く太陽で、その存在を不動のものにします。これを繰り返しながら家族が潤っていくのです。これが家族です。

■エネルギー再生場所■

家庭は家族のエネルギー再生の場所です。

その鍵を握っているのがお母さん、あなたです。太陽のような温かさと明るさで、家族を包み、聡明さと賢明さで家族をいやすお母さん、あなたが太陽です。何事にも動じない、肝っ玉母さんも素敵です。家族は安心します。

もう一度言います、お母さん、あなたは太陽です。どんなに地上は雨や嵐でも雲の上には太陽は燦々と輝いています。この太陽ある限りあらゆる植物が、生き物が、その恩恵を受けます。太陽の偉大なエネルギーがそこにあるのです。

お母さん、あなたは一家の太陽です。

家族なかんずくあなたにとって宝物の子供のために輝き続けて下さい。あなたが輝き続けることによって家庭は得も言われぬ安心感に包まれるのです。

そのことが家族にとって知らず知らずのうちにエネルギーが再生されているということになります。

輝き続けるお母さんには、その後幸せのシャワーが降り注ぐことになるでしょう。

反対にお母さんが地球の裏側にある星のような存在であった場合、家族には光は届かないのは勿論のこと、家族は母親に気を遣ってエネルギーを消耗し、家庭は疲れるだけの場となります。

兄弟姉妹

▼喧嘩▲

君たちが決めたわけではないのに、生まれながらにして兄（姉）のいる人、自分より後から生まれてきた弟と妹のできる人、あるいは両親の都合、またはそれぞれの家庭の事情により、途中から兄弟姉妹が増える人、まちまちですが、縁あって兄弟姉妹になったということを深く考えなければなりません。ただ、偶然に兄弟になったのではなく、そこには深い意味があります。

こうしたいろいろな事情はありますが、小さい頃の喧嘩は大いにやるべきだと思います。なぜか、その時にしかできないことは、その時に経験しておくべきです。

この頃の喧嘩は兄弟姉妹という不思議な糸が遺恨を残すことなく、時間と共に仲直りするようになっています。子供の頃に派手に喧嘩した兄弟姉妹ほど大人になってから仲よくなると言われています。

もっともその兄弟の資質、レベルに負うところが大きいとは思いますが、大人になってからの喧嘩は遺恨が残り、一生尾を引くという不幸がついて回ります。まして、お互いが結婚しておれば、それぞれに他人がついていますから、ますます複雑になり、始末が悪いことになります。一度の喧嘩が兄弟の縁切りということに発展する場合があります。

■ 仲よく ■

兄弟姉妹の組み合わせがどんな組み合わせであろうと、最終的には兄弟姉妹は仲よくすること、これが兄弟姉妹としてもっとも大事なことです。

この仲よくはお互いが結婚するまでが鍵です。結婚するまでに絆を深くしておくことです。

少子化の時代は、親は将来のことを見通してそのことを子供たちに伝授しておくべきです。少子化傾向で少ない兄弟姉妹にとって、両親が亡くなった時、仲違いをしてしまうと、地球上で血のつながった、兄弟姉妹はいるのに身内がいないという変な現象が起こります。

結婚すればお互いに他人が加わることになるのでそこまで見通しておくべきです。この他人を自身の兄弟姉妹と仲よくさせる努力をすることです。

家族で行き来する、時々近況を電話する、家族のことで相談し合う、珍しい物があれば送るなど工夫をすることです。記念日を作っては会う機会を作るのもいいでしょう。なんでもいい、疎遠にならないことが仲よくいられる近道です。

もうひとつ大事なことは、お互いに迷惑をかけない範囲で、お世話になっておくことが大事です。お世話になったり、お世話をしているうちにお互いに理解し合うことになります。

このことは一見矛盾しているようですが、かえってお互いの交流を通じてつき合いが深まるということになります。

人は交わらなければ通じ合うことができません。お互いの理解も深まらないものです。日頃そういうふうにしていると、何かある時は助け合うことができるのです。

どこまでいっても相手に対する思いやりが基本であるということは論を俟ちません。

両親

■ 夫婦仲がいいこと ■

両親の夫婦仲が良いということは子供を安心させます。どんな状況になっても、夫婦仲が良ければ、子供は安心します。

夫が優しければ妻はそれに甘えるだけではなく、それ以上の心遣いで返すということがあればますます仲の良い夫婦関係が続きます。妻が、かいがいしく尽くしてくれれば夫はそれにどう応えるかという、ごく普通の思いやりがほしい。鐘を打つ撞木の力が強ければ強いほど響きは大きいものです。爪楊枝のような撞木で鐘を打っても響きません。相手には何も通じません。鐘と撞木のバランスがほどよい夫婦でありたいものです。

こうした夫婦仲の良いことが明るい家庭の源泉となります。

夫婦というのは精神的、肉体的につながっています。会話もなく、夫婦関係もなくなればこの関係は他人と同じで、すでに終わっていると言わざるを得ません。

たとえ夫婦関係がなくなっても、常に相手を思いやる心、相手の喜ぶことは何かと互いに考えられる間柄であれば、鐘と撞木のバランスに呼応する心地よい響きのような夫婦関係が保たれます。

夫婦は心が通い合っていなければなりません。通い合わなくなったら電気の流れていないコードと同じです。スイッチを入れても電灯は点らないのです。

夫婦というのはもともと他人であったものが縁あって一緒になったものです。家庭内別居、家庭内離婚にならないようお互いの努力と思いやりが大事です。育った環境が違う、それぞれの家庭の文化が違う、その通りです。しかし子供には関係ありません。そのことを乗り越えて子供たちにとってより良きを目指すことです。

▼ 両親を尊敬しよう ▲

現状はどうあれ、両親は君たちのために、他人にはしてもらえない苦労をかけ、育ててくれたという事実は認めなければなりません。今はわからないかも知れませんが、どれほど世話になったか計り知れないのです。両親のおかげでこれまで成長しました。

だから、両親は尊敬しなければならない存在です。理屈で両親を尊敬しなさいと言うのは、いささか心苦しい気はしますが、自然体のままで、尊敬できる両親を持った人は、最高の幸せ者です。

君が両親を尊敬できるということは、それだけ成長しているということでもあり、君自身も誰かに尊敬される人に成長しているということです。また、人を見る目ができているということでもあるのです。

逆に両親のどちらも尊敬できないとなるとつらいものがあります。

子供の頃から両親にいつも言われていたことがあり、耳にタコができるほど聞かされることがあります。このことは生涯残っているものです。

私は親父から「先んずれば人を制す」ということをよく言われたのを覚えています。そのことを父親が自ら実行していることに尊敬の念を抱いていました。そして、その言葉は一生忘れません。

親としてポリシーを持っているということは何十年経った後でも子供を納得させるものであるということがわかります。

■ レベルを落とさないこと ■

子供のレベルまで落ちて喧嘩をする親と、子供のレベルまで下りて対話のできる親がいます。

子供のレベルまで落ちて喧嘩をする親というのは、子供のレベルで喧嘩している姿であり、子供に勝つことを目的としている親です。これでは、子供を高く、遠くへ送ってやることはできません。

やがて親を越えるであろう子供に対して、親を越えた時に少しでも高いレベルになれるよう自身のハードルを高くしておくことが大事です。

親は子供を子供と思わないで、ひとつの人格として扱い、そのうえで子供の目線まで下りて、大人の会話を続けることです。根気よく続けているうちに子供は超スピードで成長し、親の言っていることを理解し、やがて親を越えるようになります。

そのためには親は自分のレベルを高くしておくことが大事です。

人生の先輩として、人間として、社会人として……どれだけハードルを高くするか？低いハードルでは、子供は納得しないでしょう。子供が親を越えたけれど、たいしたことがないというのでは親の価値はありません。

だから親は自分のハードルを高くしておくことが大事なのです。親のハードルが低いと、人類の発展も歴史の進展も見られないということになります。

社会は、世界は間違いなく時と共に生成、発展し、上昇しています。

子供が親のハードルを越えた時、笑っていられる余裕のある親であり、笑っていられる高さでありたいものです。

■愛情と信頼があれば子供は裏切らない■

親というのは子供に対して一般的に押しつけが多く、自己中心的、自分勝手が多いようです。

子供に注意をしたり、注文をつけたりしますが、子供から見ると親から言われたことをそのまま返したいというようなことを平気で言っています。子供には「お金がない、お金がない」と言っておきながら、自分は無駄遣いを平気でしているという無神経な母親がいます。

自分の言っていることが子供に対してどれほど影響を及ぼすかということを考えようともしないのです。

子供は親から言われたことに対して「自分はどうなの」と思っています。このことが積もり積もってやがて子供の心の中に親に対する不信感が芽生えます。

親の言っている言葉に愛情があり、子供を常に信頼していることがベースにあれば子供は親を裏切らないものです。子供は親の心の奥底を見抜く達人です。

■一貫性があること■

親の発言には一貫性がないと子供が消化不良を起こします。

理想は夫婦とも物事の考え方、方向性が同じであることが望ましいのです。

子供は親の言ったとおりにはしないが、親の言ったことはよく聞いています。親の言っていることを、子供の頭に内蔵されているコンピューターの記憶装置から情報を取り出して、親の一貫性を確認しています。子供の頭に内蔵された記憶装置は過去から、親の言ってきたことを実に正確に整理しています。

どうしても親というのは自分勝手が頭を出してきます。これは子供を一人の人間、一人の人格と認めていないところからくるものです。

親が間違ったことを言うとすかさず、子供はそのことを指摘します。子供から指摘された時に素直に「ごめん」と言えばよいものを、変にかまえてそれが言えないのです。

子供はそんな時に「ごめん」と言える親を信頼し、尊敬します。

親の愛情

▼山よりも高く、海よりも深い▲

君たちにとって両親から受けた恩は計り知れません。「父母の恩は山よりも高く、海よりも深し」と昔から言われています、このことは時代が変わろうと、世の中が変わろうと、不変です。両親、特に母親の恩は筆舌に尽くしがたいほど高く、深く、大きいものです。

君たちが母親の胎内に宿った時から、母親の子供に対する愛情と心遣いは尋常ではありません。朝起きてから夜寝るまで、いや寝ている間も、日常の行動から、生活スタイル、食事に至るまで、すべてがお腹の赤ちゃんが中心となります。

一ヶ月、三ヶ月、五ヶ月、七ヶ月にもなると、お腹の中で動き出します。行きたいところにも行けず、食べたいものも食べられず、お腹の赤ちゃんのため、何もかも制約され、赤ちゃんが支配します。産み月が近づくと大きなお腹を突き出して、不格好もかえりみず相撲取りのような格好で歩行にも注意を払います。この気遣いとすべてにおける制約は母親が一身に負うことになります。

生まれる時は腹は裂け、気が狂ってしまうのではないかというほどの痛みと苦しみに耐え、握りしめたこぶしは指の骨が折れんばかりに力が入ります。言うに言えない不安と、もしかして……という恐怖と苦しみの中で君たちを出産したのです。こんな苦しみは二度としたくはないと思うものです。

こうして生まれてきた君たちに文句を言うどころか、初めて我が子の顔を見た時には、頬ずりし、抱きかかえ、涙を流しながら喜びを満面に表わします、オギャーという声を聞いて安堵の胸をなで下ろします。

異常とも思える、母親でなければ理解できない愛情表現です。自分の腹を痛めた子供、自分の血を分けた子供という思いがそうさせるのでしょう。

生まれたその日から、二十四時間態勢の母親業が始まります。昼も夜もありません。オギャーと泣けば何かあったのか、いつもより少しでも長く寝ていると病気では……と気の休まる暇がありません。

お腹にいる時も生まれてからも母親の生活は子供が中心となり子供がすべてとなりま

す。

こうして育ててくれた母親の恩は、君たちが大きく一人前になっても人間というレベルで決して忘れてはならないことなのです。

■ 子供が求めるスキンシップ ■

幼児期から幼稚園、小学生までの間に子供が親を求める時期があります。ある時は母親を、ある時は父親を求めます。だっこしてほしい時、ひざに抱かれたい時、背中におんぶされたい時……子供はそれぞれ、年代に応じて親に対してスキンシップを求めます。

物心がついてくると、疑問をもったことに対して「なぜ」「なぜ」を自分が納得するまでり繰り返し質問をしてきます。

この時にどうかかわってきたかが大事になってきます。

この時は、主に母親が子供から求められるスキンシップの相手であり、質問を受ける立場にあることが多いものです。子供が小学校に上がるまでの幼児期に思いっきりかかわってやることです。

この時期にテレビを見せておいたり、ゲームをやらせておけば、子供はそれなりに手が掛からず遊んでいてくれます。そのことを手の掛からない楽な子供と思ってはいけません。将来、物心がついた時期あるいは二回目に訪れる反抗期に後悔することになります。幼児期は思いっきり母子のスキンシップが大事な時期となるので手を抜かないことです。

■母親はとにかく大変■

「兄弟・家族・家庭」そして「両親」と書いてきましたが、とにかく女性は大変です。三従と言って「家にあっては父に従い、嫁しては夫に従い、夫が死してのちは子に従う」(広辞苑)ということがあります。また、三界に家無しと言って「何処にも安住する所がない」(広辞苑)というのもあります。

結婚前の恋愛時代には楽しいことがいっぱいありました。心ときめくデート、映画、ドライブ、ハイキングなどの楽しい思い出がありました。それにひきかえ、結婚すると夫から見た妻としての立場、家計を守る面から見た主婦としての立場、舅・姑から見た嫁の立場、近所の人から見た奥さんとしての立場、子供から見た母親の立場と、一人で何役もこなさなければなりません。すべてに合格することは無理でしょう。

女性は大変です。「妻」「主婦」「嫁」「奥さん」そして「母親」があります。子供を育てていく上で母親の役割はとても大変です。母親は大変ですが、女性には本質的、潜在的に母親としての充分な能力が備わっています。

女性はおしゃべりにできています（失礼）。これは子供が生まれたら、子供にとっての最初の言葉の先生、師匠は、母親だからです。赤ちゃん言葉から始まって、絵本のよみきかせから、子守歌から、しつけや行動に到るまで何もかも母親が先生です、いや先生にならざるを得ないのです。そのためにおしゃべりの才能が、ＤＮＡに組み込まれ元々備わっているのです。子供が成長し幼年期、少年期と子供の人間形成の根幹を作る時代、この時代の先生としての才能も備わっていると言えます。

さらに女性特有の心遣い、気遣いの才能はこの時期「幼年期、少年期」に使っておかないとその後に必要になってくるであろう、お母さんに潜在的に備わっている、子供を一人前に成長させるための才能が錆びついてくるということを、母親になる人は知っておいてほしいのです。

子は親の鏡

■ 子供は親の言動、行動を見ている ■

小学校高学年から中学校にかけて急に子供は大人びてきます。それまでは親の言うことを素直に「ハイ　ハイ」と聞いていたものが、なかなか素直に聞き入れなくなります。しかも、文句が返ってくるようになります。親はなぜだ！　と思い、とまどいを覚えます。ここまで一生懸命に育ててきたのに「親の言うことを聞かなくなった」「なぜ」「どうして」となります。

子供はいつまでも親のロボットではありません。自我が芽生え、成長しています。これまで親のことを一〇〇%信頼していた子供の目に、そろそろ親の言動、行動に違いを発見し出す頃です。親の言っていることに矛盾を感じ出します。言っていることと行動が一致しない、親は自分勝手、自己中心的……そうしたことを親に確認するかのように、文句が返ってくるのです。

親はいつまでも子供は親の言いなりになると思ってはなりません。成長の過程でどんどん変わっていきます。そのことがやがて親を越え手の届かないところまで行ってしまうのです。

このことは親にとっては、言い知れぬ淋しさになるのでしょうが、仕方がありません。親の手のひらにいつまでも置いておくことはできないのです。いつまでも手のひらにいるようではそのことの方が心配です。

だから、子供が文句を言い出し、親の行動、言動を批判し始めたら「子供の成長」ととらえることです。

「親の言うことを聞かなくなった」ととらえると後で後悔することになります。

これは明らかに成長なのです。

■ 子供との距離は時期をはかって ■

子供は母親として「合格のお母さん」がほしいと思っています。

これは一番難しい。子供との適当な距離を保ちつつ、付かず離れず、先回りせずという立場で子供を見守ることです。

なかでも先回りせずが、もっとも大事なことです。先回りすれば子供はやる気をなくします。

受験生を持った母親は、子供のリズムに合わせた対応、心遣いが要求されます。受験生のリズムは通常のリズムとは違うのです。その時の精神的な調子と体の調子、不規則な勉強時間により、食事や睡眠の時間がバラバラになります。

この時期の母親は外を飛び回るのではなく、子供の様子を見てタイムリーな対応をしてやることです。このタイムリーな対応のできるお母さんが合格点のお母さんなのです。母親として合格点を取れるお母さんがいる家庭は受験生にとってはこの上ない家庭と言えます。

子供との感覚、感性のずれは、母親が賢明でなければ埋められません。常に自分中心の答えしか用意されていないような母親ではますます子供と断層ができていきます。

愛情の押しつけ、ひとりよがり、自分勝手で子供の気持ちを理解せずに、自分流の愛情を押しつけると、そのことは子供側からは愛情とは受け取ってもらえません。子供はお仕着せの愛情より、三度の食事をキチッと作ってくれることと、試験勉強中はそっと夜食を作ってくれる心優しい母親を望んでいます。

決して高価な料理を望んでいるのではありません。母親のぬくもりのあるものを望んでいます。

母親役がキチッとできる人はどんなこともできる人です。

■責任の自覚で事態は変わる■

我が家から問題児が出た時、母親はよくても悪くても、私の責任であると考えることが問題解決のもっとも近道であると思います。但し、自分を責めないことです。それはなぜか、母親が自分の責任であると感じた時から問題の核が見えてくるからです。

ところが世間の母親は自分の責任ではないというところから出発して問題解決を図ろうとするから問題の核は遠く離れた彼方に行ってしまうのです。これではその後にどんなに努力したように見えても空理空論の上滑り状態が続くことになります。

本当は母親の責任ではないかも知れません。責任の所在は他にあるかも知れません。それでも母親が自分の責任だと自覚すればそこから見えてくるものがあるのです。

子供に非行や不登校などの問題が起こった時、母親がこの原因は自分にあると思った人と、子供が悪い、子供に原因がある、社会が悪い、教育が悪いと思う人とでは解決への道のりに大きな差が出ます。前者は冷静に物事の判断ができる上、周りの意見を謙虚に受け容れることができます。だから解決へのあらゆる情報が集まってきます。

後者の場合は解決までに相当の時間がかかり、極端に遠回りすることになります。悪くすると解決しないという場合さえあります。

例えばジュースを飲んでいたとします、そのコップのジュースが半分になった時、「まだ半分もある」と思える人と「もう半分しかない」と思う人の違いに似ています。前者は何事も「物喜びする人、プラス思考の人」、後者は常に「物事に不足を言う人、マイナス思考の人」です。おのずと結果に大きな差があることは明白です。

お母さん、毎日鏡を見ましょう。ニッコリ笑っていますか。顔が怒っている人がいます。顔で物を言っている人がいます。その顔が柔和で優しくニッコリしていてくれれば子供は安心します。

■ 子供は親の背中を見ている ■

家族というのは家庭にただよう空気を吸って生きています。子供は自然のうちに親の背中を見て育つことになります。それはなぜかというと、両親の家族に対する責任の姿勢と、両親の生きる姿勢を子供として親の背中を見るという観点から常日頃観察しているからです。と同時に、そのことが子供の人生観に大きく焼きつくことになるからです。

両親の生き様が子供に対して宿命的に遺伝するのです。

だから異性のことについては、ただ好きになったから付き合うとか、好きになったから結婚するとかという動物的、本能的レベルではなく、相手の考え方、両親に対する感情、相手の家庭の文化を充分に判断基準として持っていることが異性のことで後悔しない最良の方法です。

最終的にはこちらのレベルに合った相手にしか巡り会えないことになっています。自分のレベルや範囲でしか異性の存在を見抜くことはできません。

自分自身のレベルをアップすること、人を見る目を養っておくことが何よりも大事です。

母親

■ 母親が自己中心的である場合 ■

母親が自分のことしか考えない自己中心的な人であった場合は子供も家族も悲惨です。

こういう母親はいつの日か家庭における権力をつかみ大切な家族に強迫観念を押しつけることになります。家族に対する思いやりよりも自分の感情が優先するのでしょう。

このことは意識的にしているものではなく、その人の底流に流れている性格的なものがそうなってしまっているのです。これを変えるには、母親は相当意識してかからなければ変えられません。

なぜかと言うと、この手の母親は自分では気付かないから、自分のしぐさや発言で家族や他人を傷つけているとは夢にも思っていないのです。母親の頭の中に自分の言葉を咀《そ》嚼《しゃく》し、演算する回路が飛んでなくなっています。

発言する前に一度頭の中で考え、確認してから発言するようにすれば、このことは大方解決するものです。

そうならないと父親を始め家族も母親に母親を期待しなくなります。私の母親には何を言ってもダメだと思うようになるのです。

家族の意見を聞く耳を持っていないからです。無知（無恥）、無教養、無神経が最大の敵です。

家庭の中に「母性」という港があって、その港から母親の愛情が家族全員に発信されているという家庭が理想的です。

■母親が父親になっていないか■

「母」という港のない家庭では母親が父親になっている場合が多い。このことは深く考えなければならないと思います。

母親が父親になってしまうと子供にとって「母親の愛情ある心遣い」のできる人が家庭にいないということになってしまいます。

家族に対して気遣いの少ない、あるいはできない母親の「気遣いのない」部分は誰かが埋めてやらなければ子供にとっては悲劇です。母親が気遣いのできない人であって、父親もそのことに気付かないような家庭では悲劇が倍になります。

子供に親として、してやらねばならないこと、愛情を注いでやらねばならないトータル量は決まっていて手抜きをしたら、その分後から苦労することになります。

太陽のような熱き想いで、子供に気遣いをしてやらねばならない時期があるのです。子供にベタベタとくっついて暑苦しい思いをさせて、愛情を注いでいると勘違いしてはいけません。

気遣いのできない母親は地球の裏側にいる星と同じです。自ら光を発することはできないし、地球の裏側にいては光っていても誰も見ることができません。家の中を暗くし、母親の存在自体が問題です。

幸いにして両親の、どちらかが気遣ってくれれば子供から悲劇は救えますが、理想は「お母さん」です。母親が家族のことを考える母親役をきっちり演じている家庭は問題は少ないでしょう。

お母さんは母親でなければならないのです。

■素敵なお母さん■

最近の家庭では家族それぞれの出勤（登校）時間や帰宅時間がまちまちで、そのうえ、子供にもそれぞれ部屋を与え、家族の顔がひとつの部屋では見られない状況になっています。その結果、生活のリズムが家族でバラッキがあるというのが普通になり、ウィークデーには家族がそろって食事をするということが希になってきました。「個食時代」といって家族がバラバラの時間帯に一人で食事をする現象です。母親にすれば家族がそろって三度の食事を一緒にしてくれれば、どんなにか助かると思っていますがそうはいかないのです。また、贅沢に慣れた子供は母親の作ったものを、あれがいや、これが嫌いと言って食べないということが日常的に起こっています。

こうしたことから母親は食事を用意する意欲がうすれ、出来合いで間に合わせたり、タイムリーな時間には作らなくなります。そして子供は時間に関係なく自分の都合で食事を作ってくれないと文句を言います。

割が合わないのはお母さんです。それでも母親はウィークデーであれ休日であれ、三度の食事をキチッと作れることが素敵なお母さんと言えないでしょうか。

もうひとつお母さんには子供の良き相談相手という役割があります。特に、子供から日常的に起きる問題の相談相手になってくれるお母さんがいいのです。家族にとって、子供にとって最高のお母さんとは、一言でいって「知的で明るいお母さん」ということができます。

「そんなこと言われなくてもわかっている」と言われそうですが、「わかっているけどできないのだ」と放棄するお母さんと「ほんとにそうだ!!」と思って努力するお母さんとがいます。

なかなかそうはなれないけれど頑張ってみようと一歩前に出るお母さんが素敵なお母さんと言えます。

■ 一家の中心者の存在を意識づけること ■

母親は父親に対して家庭の「父親」として接していますか?

「へぇーそんなこと」と思うかも知れませんが、実はこのことがとても大切なことなのです。

子供の相談事には父親でなければならない問題もあります。この時は「お父さんに相談しよう」とお父さんを前に出すことです。ここでお父さんを前に出さずに、お母さんがお父さんにする相談までしゃしゃり出て解決しようとしてはいけません。お父さんに任せることです。子供がある程度の年齢になった時にしまったと思います。その時はすでに遅しです。

夫がおとなしいとか、少し頼りがいがないとか、理由はそれぞれにあるとは思いますが、そのことで母親が前に出ることはあっても、一家の中心者を脇に追いやるような愚かな態度をとっていると、もっと大切な部分で家族や子供から信頼を失い、大きなものを失うというシッペ返しが待っています。

この態度の如何が子供に対するしつけ、教育という観点から子供が成長するほどに影響が大きくなります。悪くすると子供まで父親を軽視するということになり、取り返しのつかないことになります。言葉を変えると、母親がこのことができない家庭では、いざという時に問題解決の糸口を断たれているようなものです。

子供が年少の時は両親のどちらかの権力で押さえることができますが、子供が中学生、高校生となり肉体的にも精神的にも成長してきた時に、親子で抱える問題に出会った時、父親の存在がないと、子供にとっては悲劇です。

成長の過程でどうしても父親に相談したい問題が起こります。しかし、日頃から家庭においてで父親の存在が見えないような家庭では、誰に相談していいかわからなくなります。

母親が受けるべき相談と父親が受けるべき相談はおのずと違うものです。

母親が父親のことを頼りにならないと思っていればその通りに頼りにならなくなりますが、日頃から頼りになるという接し方をしておればやはりその通り頼りになるものです。

人間とは周りから期待され、求められる存在になっていくものです。

■母親の影響力■

父親が七十四歳、息子さんが四十八歳の親子とたまたまレジャーを共にすることがありました。アウトドアです。

その時、息子さんは父親に敬語で話しかけています。他人が傍にいるからという、取って付けたような会話ではなく、ごく自然体の会話です。今時こんな家庭もあるのかと感心したと同時に何というすばらしいしつけをされた家庭なのだろうと感動を覚えました。誰がこういうしつけをしたのだろうかと思いました。

ある時、その奥様にお目にかかる機会がありました、この奥様が御主人に対して話される言葉がやはり敬語でした。

これを聞いて私はなるほどと納得しました。この母親にして、この子ありということ、この母親にしてこの家庭ありということを。

子供に対して母親は最高の教師であると思いました。子供のしつけと、子供を育てていく上で母親の役割はとても大事です。父親を尊敬するという家庭を母親が作るのです。

父親に対して敬語を使えと言っているのではなく、家族が家長である父親を尊敬しているという姿が大事なのです。

■　子供との楽しい思い出　■

少なくとも子供には生まれてから約十年間、本当に楽しく感動をさせてもらいました。宝物のような存在であり、天使のような時期が長くありました。

子供の寝顔を見ているだけで元気が出てきた、疲れを吹っ飛ばしてくれたこともありました。頬ずりしたり、抱きしめてかわいがったこともありました。

泣いたといっては写真を撮り、笑っても写真を撮る、這っても写真、伝い歩きをしたといっては写真を撮りました。初めてすべり台を滑ったといっては大喜びし、一人でブランコに乗った時は感動しました。カタコトの歌をうたった時はこの子は天才かと思い、カタコトでしゃべりだしたらカセットやビデオにとりました。親ばかを地でいっていました。

若い両親にとって毎日が初めての経験で、はらはらドキドキの連続であり、いつまでたっても新米の両親であったけれど、ずいぶん楽しい思いをさせてもらいました。

歩けるようになると、子供より親の方が喜んで遊園地に連れていき、メリーゴーランドに一緒に乗りました。プールでの水遊び、幼稚園で作った紙工作、運動会での親子でフォークダンス、小学校に入ってからも親子で本立て作り、プラモデルも一緒に作りました。

両親の間で、かすがいとしての役目を果たし、近所づきあいの苦手な母親にとっては外交官の役目を果たしてくれました。

これほど楽しい思い出と、大きな役割を果たしてくれた宝物のような我が子です。

その後の十数年は親として、精一杯のお返しをするのは今生人界《こんじょうにんかい》の務めではないでしょうか。

苦労しても、高校を卒業して社会人になるか、大学を卒業するまでの期間です。楽しませてくれた分のお返しとして考えれば、この苦労は何でもないことではないですか。思い返せば楽しい思い出の方が多かったのではないでしょうか。子供にとっての第二の十年間を親が辛抱すれば新しい形の輝ける虹に出会えることになります。

そのことを信じるか信じないかが先々で大きな差となってくるのです。

■正論で子供を追いつめるな■

母親は正論で子供を追いつめていませんか？　そうされると、子供は逃げ場がなくなります。だからどこかに母親の余裕がほしいのです。

いたずらをした子供は心の中で悪いことをしたと思っています。自己反省しています。そこに、いきなり母親が正論で追いつめる……。子供は萎縮するし、心を開かなくなります。このパターンの繰り返しが実に多いのです。

母親が太陽の存在になり得ない時、家族を疲れさせることになります。

太陽になるというのは母親の知性であり、教養です。ここで言う知性とは、情況を敏感に察知した知性からあふれ出るような、家族に対する思いやりです。教養とは、広い知識からあふれ出るような、家族に対する心の豊かさ、温かさと言い換えることができます。

家族を疲れさせるということは、家族の生命を奪ったことに通じるのです。

母親は無神経であってはなりません。こまやかな気遣いができなければなりません。細やかに気遣った分は倍になって母親に返ってきます。

■自然界の現象■

裏の物置の横に無造作に置かれていたチューリップや水仙の球根から知らない間に芽が出ています。梅や桜は春になれば花を咲かせます。

これは季節がくれば自然に花が咲くのではありません。周囲の暖かさを感じて、つぼみが膨らみ花を咲かせるのです。

それと同じように子供は母親の温かさを感じて成長します、母親の温かさに自ら応えようとします。そして、その子にとってもっとも美しい花を咲かせるのです。

冷たい母親では子供の芽は出ません。花も咲きません。勿論、実を結ぶこともありません。

また、車で郊外の道路を走っていると、所々に杉林があります。よく見ると杉には「つる草」がからまって上に伸びています。杉にからめずに雑草の間を這っている「つる草」もあります。灌木に絡まって低いところで伸び悩んでいる「つる草」もあります。杉の先をずっとたどっていくと先端は杉よりも「つる草」の方が上に伸びています。天をつくように伸びた杉、その杉に寄りかかり、巻き付いている「つる草」。

この杉がお母さんです。「つる草」はかわいい大切な子供です。

寄りかかるものがなく雑草の間を這わせるか、灌木に寄りかかって低いところで終わらせるか、それとも天空高くどこまでも伸ばすか。杉が真っ直ぐ天に向かってどこまでも高く遠く伸びれば「つる草」はその上をいくことになります。

植物は必ず太陽に向かって伸びていきます。宇宙に向かって伸びていきます。子供も小太陽のお母さんに寄りかかりながら、大宇宙の太陽に向かって伸びていくのです。

やっぱりお母さんが太陽だ!!

一　宝物

友情・愛情

▼青雲の志▲

日本がまだ貧しかった時代の高校生、大学生（旧制の中学生、高校生）は「貧乏国日本を救おう」「日本国民のために俺たちがいる」「俺たちが頑張らなければ日本は救えない」と、集まれば天下、国家のことを論じ合いました。どうすれば日本が救えるか、どうすれば世界に勝てるかということを自分たちの使命であるかのように語り合う、青雲の志を抱いた多くの優秀な人材がいました。

こういう時代には「友の憂いに我は泣き、我が喜びに友は舞う」という友達関係がそこかしこにあり、強い友情の絆で結ばれていました。

今や時代は誰でも食える時代となり、若者が目標を見出せなくなってきました。その結果、お互いに助け合うという状況が少なくなり、できるだけ他人にかかわりたくないという人間が増えてきました。友情が薄っぺらなものとなり、友への思いも希薄になってきています。

こういう時代だから、相手のことを考えるという訓練を今のうちにやっておくことです。そのことが君たちの将来に大きな財産となって返ってきます。真剣に付き合った友達、真剣に相手のことを考えた友達は一生の友達になります。

スポーツでもいい、音楽でもいい、勿論勉強でもいい、中学、高校時代に友達と何らかのことで苦労を共有することが大事です。苦労を共有した友達とは苦労の大きさの分だけ友情が深まり、長続きするものです。お互いのことで真剣になればなるほど、良い友達は長続きし、悪い友達は去っていきます。

ある高校生は学校に行って同級生と話をしても得るところがない、将来に夢も希望も持っていない、みんな冷めている、世の中を斜めに見ている人が多すぎると言っていました。

時代が変わっても、友達とどういう内容の話ができるかが大切です。遊びの話や異性の話、いわゆる年代相応の世間話の域を出ない程度の友達関係と、将来のことが熱く語れる友達関係では、お互いが関係し合って得られる人間的成長には天と地ほどの隔たりがあります。そこから触発される生命の喜びは計り知れず、体に電流が走るごとく感動を覚えるものです。

▼異性の判断基準▲

ちょっとかわいい女の子（女性）を見れば好きになり、ちょっとかっこいい男の子（男性）を見れば心を動かされます。

青春の通り道にあってごく自然な現象です。

このことはわからないではないのですが、あまり簡単に好きにならないことです。友達付き合いから恋愛感情が芽生え異性とつき合うことは、人生経験というレベルでは大いに結構なことですが、一生を共にし、一生の伴侶というレベルになると判断基準は別に持っていなければなりません。お互いに安売りをしないことです。

その判断基準とは、相手の家庭をよく観察することです。相手が女性であれば、その人の母親に、男性であればその人の父親に似てくるというのは、概ね間違っていないと思ってよいでしょう。相手の家庭の同性、すなわち相手が女の子であれば母親を、男の子であれば父親を尊敬しているかどうかということが判断基準になります。

両親共に尊敬しているということであればまず問題ないでしょう。両親のどちらか一方でも尊敬しているという人であれば、何か問題にぶつかった時でも親の背中を見て育っているので、必ず立ち上がれる何かを身につけていることになります。だから男女共に両親のどちらかを尊敬しているという言葉が返ってくれば、概ね相手を信用しても間違いがないと言えるでしょう。

今どき風に言えば、父親や母親と友達関係のような親子関係もいいのではないでしょうか。

■ 肝心な部分を受け取る ■

例えば両親に対して批判的な言葉が返ってきて、あたかもその人の言っていることが正しいと判断できるようであっても、両親が尊敬できないということは、それまで家庭で受けてきたしつけや訓練が、あまり感心のできないものと言えます。そのことで、いかに本人が自分の正当性を語ってみても、所詮はその人の人間性の骨格をなす部分ではいびつなものしか両親から受け取っていないということになります。

相手の家庭で母親が父親に丁寧語、敬語を使っているかどうかも判断材料となり得ます。母親が父親に対してそのように話すということは、母親が父親を尊敬しているか、父親を一家の柱として立てていなければできないことです。これができる人は、母親としてのレベルが高いと言えるでしょう。

このことは母親の教養にも関係します。

そういう家庭では父親は偉そうに振舞っているかも知れませんが、心の底では母親に感謝しているものです。そして母親のポリシーとして子供に対するしつけを基本的に心得ている行動であり、無言の教育だと思っている賢明なお母さんです。

■家庭の文化■

もうひとつは相手の家庭の文化をよく見ることです。それぞれの家庭の文化は形はどうあれ必ず親から子へ、子から孫へと遺伝のごとく引き継がれていくものです。それが良い文化であれ、悪い文化であれ、子供たちはスポンジが水を吸うがごとく吸収していきます。

それぞれの家庭に流れている様々な文化は子供の脳幹に刻まれ生命の深層に焼き付くのです。

良い文化が刻まれている場合は問題ありませんが、悪い文化であれば困ったものです。

しかし、悪い方の文化が刻まれてあっても、好きになってしまうと見えなくなってしまうことがあります。

大事な人生、遠回りは避けたいものです。

家庭の文化とは、その家庭における、父親の社会的立場、家族同士の言葉遣い、町会などにおける役職、父親の家庭内での扱われ方、夫婦が揃っている、夫婦の仲がよい、生活のレベル、両親の教養レベル、物事の考え方、近所付き合いの仕方、どういう人と付き合っているか、主人を家長と立てているか、家庭の子供に対するしつけの仕方、その家庭の品格等々から判断することができます。

それぞれの家庭の文化は子供が一生引きずることとなります。

悪い文化であっても、本人が成長する過程で我が家の文化が世間と合わない、間違っているということに気が付くだけのレベルであれば修正することができます。

この家庭の文化の良し悪しの判断がもっとも大事で正確な判断材料となります。

人間いろいろ

■後始末ができること■

新幹線に乗車して思うことは、降りる時に後始末のできない人のなんと多いことかということです。岡山方面から来る新幹線に新大阪から乗車すると前の乗客の残した新聞、雑誌、ジュース缶などが座席の前の網ポケットに入ったままということがよくあります。時間帯からいってビジネスマンが利用したのでしょうが、自分で出したゴミの始末ができないのです。

こういう人にも部下がいたり、子供がいたりするでしょうに、どういうふうに部下や子供の教育、しつけをするのだろうかと他人事ながら気の毒になります。

おそらく仕事のできないビジネスマンなのでしょう。

人間として自分がやらなければならない最低限の後始末もできないようでは、ご当人の人格、品格はおおよそ網ポケットのゴミ程度のものでしょう。

新幹線に限らず後始末ができるかできないかでその人の中身が判断できます。

日本人は自分のものは特に大切にするのに、公共のものは大切にしないという行動を平気でする人種のようです。我が家のトイレはきれいに使うのに公衆トイレは汚してもなんとも思いません。マイカーは掃除もするし大事に乗りますが、会社の車は汚れていても平気です。

公共のもの共同で使うものは誰かが掃除するだろうぐらいに思っているのでしょう。

中高生の場合はそれぞれの下校時に机の周りが片付いているか、掃除当番の時道具類をキチッと片付けて帰るか、学校では備品を大切に使うか、机に落書きをしないかといった基本的なことができるできないが判断基準になります。

■　他人の迷惑を考えられること　■

自分にかかわることはキチッとするが他人の迷惑は考えないという人種もいます。

例えば犬を飼っているとします。玄関で飼っている場合、どうしても臭いがするということでまめに洗ってやり、犬の毛もまめにブラッシングしてやります。

ここまでは良いのです。しかし、この犬の毛のブラッシングをする場所を考えない人がいます。我が家の前で平気でブラッシングしている、その毛は近所のガレージや側溝で毛玉になっているというのにそんなことはおかまいなしです。風の強い日には近所中に飛んでいくということになります。

本当に犬を飼う資格のある人は他人に迷惑がかからないかということを先ず考えます。犬の毛をブラッシングする時はせめて公園か空き地にでも行って毛がその周辺に飛び散らないようにビニール袋を持っていってキチッと後始末をしなければなりません。そうではない人は犬の散歩をさせる時も後始末用のビニール袋も持っていきません。

また、飼い主が家にいる時は犬もおとなしくしていますが、飼い主が留守をする時は、飼い主が帰ってくるまで吠えているという犬もいます。幼い子供を抱えているある家庭では子供がやっと昼寝をしたと思ったら近所の犬が吠えて、ビックリして子供が起きてしまったということもあります。そのことが原因で精神的安定に欠けた子供になることもあります。

近所の人に迷惑をかけているということがわからないのでしょう。

自分の行動が他人に迷惑をかけているかどうかぐらいは考えられる人でありたいものです。レベルが犬以下の人が犬を飼ってはいけないのです。

■ 共に成長する人 ■

前に山岡荘八の『織田信長』を引いて「妻はつねに良人《おっと》と肩を並べて伸びねばならぬ。その伸びの止まった時には、妻の座は男の玩具《おもちゃ》か軽蔑された扶養者の位置へ、さっさと堕されてゆくのである」と書きました。

これと同じように良人《おっと》の立場としても、妻と肩を並べて伸びるというより、一家の長として妻より、一歩前にいるくらいの成長をしていなければなりません。

子供や家族から見た場合、頼れるお父さんでなければならないのです。

また、異性の友達同士である場合、共に成長しているということがお互いに実感できることが望ましいことです。

その成長に共感を覚え、お互いの触発になれば最高の間柄となるでしょう。

■　明るい人が一番　■

人間として、どんな状況になっても明るく振舞える人というのは最高の宝物であり財産であると思います。

物事を常にプラス思考で考えられる人。

善いことがあった時は更に善い方向へ、悪いことがあった時でもプラス思考で沈むことがないという人、何事も明るく前向きで振舞える人が宝物的存在ではないでしょうか。

明るい人は悩みを吹き飛ばします。明るい人は悩みを寄せ付けません。明るい人には悩みは寄り付いていきません。明るい人は周りを温かくさせます。明るい人は周りを悩ませません。明るい人は周りを照らします。

暗闇を照らす灯台のような存在です。

明るい人のところには良い情報が集まります、良い人が集まります。

▼よく気が付く人▲

仕事で、上司からコピーを頼まれ、その資料はお客さんに配布するプレゼン用の資料だったとします。

ある人は、たしかに必要枚数コピーをして机の上に置いてくれているが、よく見るとホッチキスで止めてはいるがどことなく雑だ、閉じられた資料の隅が揃っていない。ホッチキスで止めないでコピーしっぱなしで机の上に無造作に置く人もいます。

一方、B子さんは、この資料はどういう目的で使われるものかを理解した上でコピーをします。だから出来映えが違うし、仕事が丁寧です。ホッチキスで止められた資料はビシッと揃っているし、止める位置も綴じ代を考えて適切な位置で止めてあります。そのうえプレゼン後にファイリングするであろうことを考えて、パンチで穴あけまでしてくれています。

この資料を受け取った出席者は、心配りの行き届いた資料に感心すると共に心地よく打ち合わせを終えました。

このようにたとえコピーをするだけのことでも少しの心配りがあると出来映えに差が出

ます。

君たちの場合、学校における体育祭や文化祭あるいは生徒会、クラス会などで何かの催しものをした時に準備段階から途中段階、最後の片付けまでを注意深く見ていればよく気が付く人は簡単に見分けることができます。人が見ていても見ていなくても、気配りをしながら黙々と自分の役割を果たしている人がいます。

こういう人は君の将来にとって宝物のような存在になること受け合いです。

夢と希望

大きな夢と希望を持ち続けること

メジャーリグリーガーの大谷翔平選手は、子供の頃から野球が大好きで、小学校二年生から野球を始め、当時からプロ野球の選手になることが夢だったそうです。

その夢を実現させるための決意として、花巻東高校一年生の時に「目標シート」を作成しました。その目標シートには、将棋盤と同じマス目の八十一項目に目標が書かれてあります。目標シートの中心には、ドラフト一位指名を八球団から受けるという途方もない目標が書かれてあります。高校一年生で、この先どこまで野球選手として成長するかわからない状態で、掲げた目標はあまりにも大きなものです。大谷選手は、その後メジャーリーグ志望を明確にしたため、日本ハムファイターズの単独指名となりましたが、それからの活躍はみなさんご存じの通りです。

また目標シートには、人間性、プラス思考、信頼される人間、仲間を思いやる心など日常で人間として、野球選手としての生活態度やメンタルな部分にまで及んでいます。ピッチャーとしての具体的な目標として１６０km／hとも書かれています。

目標を掲げ、夢を持ち続けて、現在のメジャーリーグの大谷選手としての活躍があります。

誰でも子供の頃には、パイロットになりたいとか、お医者さんになりたいとか、弁護士になりたいとか夢を持っています。少年時代は大いに夢を持つべきです。

実現しそうにもない大きな夢、この夢を持てるという柔軟性が大事なのです。現実離れしていることでもいい、遥かに及ばないと思えることでもいい、夢が大きければ大きいほど君たちの将来には結果としての答えが大きくなるのです。

■冷めている子供たち■

一方、最近の子供に「君の将来の夢は」と問いかけると「別に」という答えが返ってきます。

これは危険です。

すでに、小学生の高学年から中学生になると冷めている、高校生になると完全に冷めている、熱くなるための何かが欠けているように思います。

これはなぜでしょうか？

今の子供たちが生まれた時にはすでに日本は豊かな時代になっていました。親の経済的事情に関係なく、周りの友達が○○を持っている、誰々君の家には××があると言えば、ゲームやスマホなどの遊び道具や欲しいものが手に入るという環境にあります。

欲しいものを手に入れるために親に頼みまくるということもないし、我慢をすることもありません。日本の親たちの横並び根性の追い風を受けて比較的易々と手に入れることが可能だったのです。子供として我慢すること、耐えることの訓練がどこかに飛んでしまったのです。

その結果、「小市民的幸福」で満足する子供になってしまったのでしょうか、自分自身が努力するというもっとも人間にとって大切な部分が抜けてしまいました。

決して「小市民的幸福」で満足する人間になってはいけません。

■ 子供が語る夢は親も一緒になって膨らまそう ■

子供が大きな夢を語ると、周りの大人たちがそれを潰そうとする行為に出ることが非常に多くあります。このことが最悪の結果を生んでいるということを大人たちは知らなければなりません。

大人たちが自分の小さな入れ物と、僅かの経験から、子供の夢を潰していきます。

小市民的両親のもとから大物は育ちません。

子供が夢を語った時は絶対笑ったり、けなしたりしてはいけません。その時点で子供の夢は甲子園におけるラッキーセブンの風船のようにどこかに飛んで行き、やがてしぼんでしまうでしょう。一旦しぼんでしまうともう子供は夢を語らなくなります。語らなくなった夢が実現することは絶対にありません。

夢を語らなくなった子供には何の魅力もないでしょう。そこからは子供らしさが失われていき、子供に内在している無限の可能性が音を立てて崩れていくのです。いやらしい「大人の部分が見え隠れする」子供に変わっていくのです。

子供が夢を語らなくなったらその方が危険であると思わなければなりません。

親たちは自分のささやかな経験から、子供の将来の安定を願い、一流校、一流企業＝良い生活という図式しか持っていないのです。それは単なる最大公約数であって自分の子供に当てはまるとは限りません。

親はどこまでも子供の夢を膨らませるポンプの役目を果たす立場で見守ることです。

■何でもいいから一番になる■

何でもいいから一番をめざしましょう。音楽でも、スポーツでも、絵でも、習字でも、勉強でも何かで必ず一番になりましょう。

人間を物に例えると地球のようなものです。エベレストのように八八〇〇メートル級の山があるかと思えば、日本海溝のように八〇〇〇メートル級の深い谷があったりします。また平らな平野の部分もあります。

すべてが平均で球形のように丸いということはないのです。

このエベレストのような高いところ、すなわち優秀なところを伸ばすということがもっとも大事なことなのに、親は日本海溝のような深い谷にしか目がいきません。この深い谷はいくら訓練をしても平均すなわち平野のレベルにしかならないのです。

高い山の部分は伸ばせば天井知らずに伸びていきます、これが一番になるのです。百人いれば百人、千人いれば千人ともそれぞれの持っている高い山の特徴が違うということに気が付かなければなりません。

人間は生まれながらにして平等に能力を持っています。この平等とは、すべての人が同じ能力を持っているということではありません。その子にしかない大きな山を持っているということです。

その子が生まれながらにして持っている山に磨きをかけてさらに高くなれば、谷は自然に平均値まで上がってくるものです。

親が子供に平等に備わった能力を、高い山を潰していませんか?

▼将来のこと▲

あれこれと悩むことはありません。

君たちの周りには、見本はいくらでもあるのです。見習って良い見本、見習ってはならない見本。

じっくりと観察して、どうしてそうなったのかを見極めることです。

可能であれば、良い見本と思える人に接近して話をする機会を作ることです。そこには必ず納得のできることが山ほどあります。それがヒントになるのです。必ず原因があり、その結果として、現在があるということのプロセスが見えてきます。

良い見本を見つけましょう。そしてその上を行くにはどうしたらいいのかを考えましょう。

それしかありません。

中学生であれ、高校生であれ、大学生になっても常に遠く（十年後、二十年後）を見据えて勉強をし、人生を考える人が勝利者になるのです。

たしかに十年先、二十年先はわかりませんが時代の変化に柔軟に対応しながら修正を加えていけばいいのです。

そして、このことは早い方が良いのです。

▼自分自身のこと▲

君たちは自分の将来を自ら踏みつぶしてはいませんか。

今しなければならないことを、先送りしていませんか。大事なことを先送りしていると、自分の人生も先送りになるということを知らなければなりません。どこかで、ツケを払わされます。

世の中は二十年も三十年も先のことはわかりません。

今現在、花形企業、花形業種はこれから先三十年間先頭を走り続けることはないでしょう。大手の証券会社が潰れ、都市銀行が潰れる世の中です。何十年もリーディングカンパニーを続けることは不可能です。

学校や親の勧めで将来の進路を決めることは賛成できません。自分の意志が働いているかどうかが問題です。

勧められることを良しとする人はそれでよいでしょう。しかし、自分の好きな道に進もうとの意志のある人は、最初に選んだ道がたとえ途中で挫折しようとも、そこから立ち上がることができるだけのものを持っています。これが自ら決めた人の強さです。

他人が決めた道で挫折すると、その責任を決めた人に転嫁し、次は誰が決めてくれるのだろうという他人を当てにする人間にしかなれません。

自分自身のことは他力本願では断じていけません。常に自力本願でなければいけません。

お金

■お小遣い■

小遣いは子供にとって、とても楽しみにしているもののひとつでしょう。多く貰える人もいるでしょうが、ほとんどの人は満足するだけは貰っていません。子供時代の小遣いとはそういうものであり、それでいいのです。

毎月決まった日に決まった額を貰います。ところが決まった日になかなか貰えないこともあります。親側の都合を優先させるからです。

子供にとっては、この決まった日が待ち遠しいものです。小遣いを貰ったら、ＣＤを買いたい、好きな雑誌を買いたい、ゲームソフトを買いたい、でも足りません。中には学習用の教材や参考書を買うという優秀な人もいます。

家庭によっては母親が勧めているため、子供に淋しい思いをさせてはならないという思いから多額の小遣いを与えている親がいます。これは却ってマイナスです。小遣いで子供は一時的には淋しさを紛らわすことはできるかも知れませんが、一時的な淋しさを紛らわすことで満足はしません。あくまでも両親、特に母親の愛情が欲しいのです。

小遣いでしか愛情表現ができないとしたらこれは、大変な問題です。

子供が充分な小遣いを持っていると周りから、小遣いを持っているということで悪い友達が寄ってきて非行に走ることがあります。また、子供に浪費グセがつくことになります。この習慣が大人になっても抜けなくなり、お金の管理のできない人間になる可能性があります。

▼ 今の一万円より未来の一億円 ▲

君たちは、お金のことは基本的には考えないことが望ましいのです。

今のレベルで、お金のことを考えてもたかが知れています。

中学生や高校生で、できることはせいぜいアルバイトくらいで、その域を出ません。

アルバイト程度で小さなお金を稼ぐのではなく、それよりも将来に大きくお金と縁ができるように、現在を精一杯頑張ることです。

大きなお金が持てるような人間に成長することです。

アルバイトがいけないということではありません。アルバイトのお金が目的であってはならないと言っているのです。

今の一万円より、十年後、二十年後の一千万円、一億円をめざすことです。

そのために今があるのです。

君たちの今に、明日の夢と希望が開花する種があるのです。

お金は本人の能力に応じて付いてくるものです。

今から、金、金、金という育ち方をすると将来は小さな人間にしかなれません。

金は天下の回りもの、必要な時には、必要なだけあれば良いというぐらいの気持ちでいいのではないでしょうか。

但し、大きなお金を必要とするような人間に成長することを目指すべきです。

読書

▼とにかく本を読むこと、どれだけ読めるか▲

とにかく本を読むこと、どれだけ読めるか。

幸か不幸か、今の人は本をあまり読みません。活字離れが進行していると一般的に言われています。

読書は君たちの成長のエネルギー源です。

周りが読まないからチャンスなのです。その他大勢から抜け出すために読書は最高の武器であり、高性能のロケットエンジンほどの威力があります。

そして、君たちの強力な味方となります。

「・一ヵ月に二、三冊の本を読む人——自分と自分の仕事のことで精いっぱい。

・一ヵ月に一〇冊近い本を読む人——自分の仕事と会社のことも考えられる。
・月に五〇冊の本を読む人——自分のこと、会社の仕事はもとより、社会、国家、世界全体のことにまで思考が及ぶ」

と言い切った人がいます。（斉藤英治『月に50冊読める速読術』徳間書店）

「読書は、知性のジョギングです。
本を読んでいる人と、
本を読んでいない人の差は、
顔に出てしまいます。
1年に52冊の本を読むことができます。
それだけで、あなたの顔に
知性の輝きが生まれてきます」

ということを教えてくれた人がいます。

（中谷彰宏『週末に生まれ変わる50の方法』ＰＨＰ文庫）

周りの大人の顔を見ると良いでしょう。同じ年輪を重ねながら顔に知性の感じられる人と感じられない人の二通りの顔があるはずです。

顔から知性が感じられる人は必ず本を読んでいます。それほど読書から受ける影響力は大きいのです。

本というのはあらゆる階層の先輩たちが二十年、三十年かかって経験したこと、研究したことを一冊の本にまとめてくれています。その中には得がたい宝物がちりばめられているのです。僅か数時間で著者と同じ経験をすることができます。

これほど価値のあるものはないでしょう。

■読書は継続することに意義がある■

年間五十冊、百冊、二百冊と読書量は多いほど良いのです。

先に書きましたが月に二、三冊しか読まない人と月に五十冊読む人では人間的な成長に格段の差があることがわかります。

本を読んでいる人と読んでいない人の差は社会に出れば歴然としてきます。

本を読んでいない人は、たった一枚の書類がなかなかできない、できあがったとしても、文章になっていない、誤字脱字が目立ち、句読点もむちゃくちゃで伝えたいことが伝わらないといったことが起こってきます。上司のチェックが入り修正しても、一度や二度の修正では通じないということになります。そうなると、上司からの評価が下がり、自分自身の価値を自ら下げることになってしまいます。

たった一枚の書類を書かせただけでその出来映えに天地の差が出てくるのです。

自分と自分の仕事で精一杯の人と、社会、国家、世界全体のことまで思考がおよぶ人とでは差があって当然です。

■ 読書から得るもの ■

読書は、人間的な幅と奥行きを広げます。

読書は、人間性を豊かにすることができます。

読書は、脳の活性化を図ることができます。

読書は、人の体験を自分のものにできます。

読書は、偉大な人物の生き様や人生を識ることができます。

読書は、社会生活に必要な雑学が身につきます。

読書は、人付き合いを円滑にする知識を吸収することができます。

読書は、他人に対する「思いやり」が身につきます。

と言った人もいます。

読書はプラス面ばかりです。

読書量を増やせば少しずつ器が大きくなるものです。

人生で何かに困った時、読書をしている人はその中から解決へのヒントを見つけることができるのです。

人生には悩みはつきもの、私もこれまで数えきれないほど多くの問題で悩みました。そのたびに読書に助けられました。不思議に何かのことで悩んでいても、その時に読んでいる本の中に問題解決の答えかヒントがありました。

今では悩みの内容によってどの本を読めば答えがあるかがわかるようになりました。

■ 読書は顔を創る ■

読書をしている人と、読書をしていない人では顔に違いが出ます。

読書をしている人は、どことなく知的で若々しく見えます。表情に知性があふれています。

読書をしない人の顔には知性が感じられない、どことなくキレがないように映ります。顔に知性があふれると、姿、形、しぐさにまで影響してきます。そしてそれがやがて風貌となって、魅力にあふれ、たとえ会話をしなくても、そこにいるだけで知性のオーラがあふれているように見えます。それが、人格であり、人間性であり、品格となってその人を飾るのです。

顔は常に語っています。偉ぶることなく、おびえることなく、柔和で周りをふんわりと包み込むような顔、これが理想です。顔はその人の看板であり、内面のすべてのものが、顔となり、風貌となります。

読書で培ったものが、表情に出るのです。

■人品に三種あり■

「人品に三種あり」と言った人がいます。

年と共に優れていく人。年齢相応の成長を見せる人。年と共に凡俗化する人。

第一は年と共に読書、勉強を怠らず、常に向上を目指す人。

第二は生まれつきプラス思考で年相応に伸びた人。

第三は地位は進みながら品性、人格が年と共に堕落俗物化する人です。

しっかり読書量を増やし第一の人を目指さなければ人間として生きた甲斐がありません。

こう書くとそんなことは、わかっているという人がほとんどです。しかし、人は「良いということ」を聞いてもなかなか実行しません。

ダイヤモンドが落ちていると教えても拾おうともしません。だから、一歩踏み出せばダイヤモンドは君のものになるということを自覚してほしいのです。

一 お父さん・お母さんへ

お父さんへ

今、三十代、四十代、中には五十代で中高生の子供を持っているお父さん。

昔のお父さんと言えば、定時に帰宅し夏場で日の長い間は子供とキャッチボールをしたり、ソフトボールをしたり、近くの公園で一緒に遊んだりしていました。冬には、家の中で将棋やトランプをしてやれる時間がありました。

それが、今やなかなか時間が取れない時代となってしまいました。

時間が取れないお父さんは、子供が幼い時に、一緒にお風呂に入るとか、添い寝をする機会を作るとか、布団を並べて寝るとか、という工夫もできるのではないでしょうか。

とにかくお父さんの「顔」が、子供にとっては大事なのです。

日本の企業のほとんどがここ二、三十年で徐々に人員削減を実施し従業員を半分にしました。その人員で二倍も三倍もの業績を上げるようになりました。すなわち四倍〜六倍の仕事をこなすようになったということです。合理化と状況はますます厳しくなり、一人当たりの仕事量が増大しているのに残業できず、帰宅時間が早くなっても自宅へ仕事を持ち帰り、子供と接する時間がないというのが現実の姿です。

子育ては勿論のこと教育まで母親まかせとなり、父親の権威も失墜、家庭における立場がなくなりつつあります。

それでもお父さんの役割は大きいということを自覚してほしいのです。お父さんは子供にそっと寄り添ってやる時期、かかわってやらなければならない時期、相談に乗ってやらなければならない時期があります。すなわち、子供にお父さんの温かさが必要な時期、お父さんの顔が見えなければならない時期、お父さんの存在感が必要な時期があるということです。

子供が少年から青年に成長する時期はお父さんでなければならないことがあります。その時は何としても時間を作り相談に乗ってやれるようにしてほしいのです。その時期に父親としての役割を果たせなかったら、子供の心の奥底に父親に対する不信感と軽蔑の念が残ります。

これは一生埋めることのできない溝となってしまいます。

お母さんへ

父親の労働環境や経済状態で、お母さんの負担がますます大きくなっていく傾向にあります。

母親が子供に接する時間がもっとも多いというのが一般的で、それだけにお母さんの存在が大事です。

世の中、少子化が進み高学歴社会となりました。その結果、教育費の占める割合が大きくなったことが原因で生活にゆとりがなくなってきました。

目の色を変え、我が子を何としても一流大学、一流企業へという思いがエスカレートしてきています。子供はヒィヒィと苦痛の叫び声を上げ潰れかかっています。子供を潰すための先兵はお母さんがつとめています。

もっと気楽に育てましょう。もっと肩の力を抜きましょう。そのことが子供をゆとりを持って育てることができる状況を作ることになるのです。

子供はお母さんの形相と肩に入った力で、押しつぶされそうになっています。そっと耳を澄ませば子供の声が聞こえてきます。目を閉じれば子供の心が見えてくるではないですか。

子供は、潜在的には両親の、性格、気性、気質、能力を受け継ぎます。顕在的には、母親の影響を八〇～九〇％受けることになります。母親のコピーと言っても過言ではありません。

それは、生まれた時から、幼児言葉であやされ、少しずつ言葉を覚え、言葉遣いの師匠として、しつけ、考え方、しぐさ、行動、すべてにおいて師匠はお母さんだったからです。母親の影響は想像以上に大きいのです。

子供は親のオモチャではありません。一個の人格ある存在です。

お母さん、そんなに頑張らなくてもいいのです。普通に、普通に子供を育てましょう。子供と共に歩きましょう。一歩先を歩いているお母さんでいいのです。これが子供がもっとも安心するお母さんです。

お母さん、あなたは太陽です。太陽から受ける無限のエネルギーが子供たちのすべての可能性を引き出してくれます。

お母さん、あなたは太陽です。

お母さん、あなたは太陽なのです。

あとがき

この本のまえがきは、長男が大学進学を前にして、勉強のこと、将来のこと、人生のことなどについて悩み、私に相談してきた時、長男と二人で夜遅くまで語り合った内容を、私なりに整理し、長男に渡したものです。そこで、これだけではいけないと思い、浅学非才を顧みず、大胆にもタイトル『宝物を育てるお母さんと悩み多き中高生のみなさんへ』として本にまとめたものです。

書き進んでいくうちに、この問題は中高生の子供だけの問題ではなく、家族、特にお母さんの応援なくして子供の悩みは解決しないということに気付きました。多感な年代の子供と共に悩み、子供の悩みを共有してくれる人がいなければ乗り越えられないことが多くあるという現実に行きあたりました。

そういうことが背景にあって、変な本の構成になってしまいました。

中高生のみなさんには大いに悩みなさい、悩んだ分大きく、逞しく成長するということ。それを理解して中高生時代を送るのとそうでないのとでは天地の差がつくのをわかってほしいと思って書きました。中高生時代を含む十年間がみなさんの一生を左右するということを知ってほしいのです。

そして子供が悩んだ時、どう対処したらいいのか、できるだけ一緒に考えられるようにと思って書きました。

子供の成長が何よりうれしいことであり、どこまでも子供にエールを送りたいのです。子供は家の宝物であり、社会の宝物であり、国の宝物です。宝物には、宝物らしい年代相応の成長が必要です。

大事な中高生時代、そして、大学生時代を子供なりに考える十年としてほしいのです。中身はどこへ飛ぶかわからない内容になりましたが、一貫していることは大切な宝物を育てる上で迷ったり、寄り道をしたりしながらどうしたら子供を理解できるか、どうしたらよりよい方向に導いていけるかを悩んでいるお母さんに、いろいろな出来事、しかも初めてのことばかりという出来事に出会った時、ちょっと立ち止まってカメラをロングに引いて、じっくり時間をかけて眺め、客観的且つ冷静に物事を見ることができれば解決の糸口が見えるのではと考えて書きました。

どの項目もすべて方向性は同じということ。大切な宝物と一緒に成長しながら、大変な

「母親業」に失敗しないために、未完成ではありますが早く世に送りたいという思いから、この辺で筆をおきたいと思います。

子育てあるいは子供への有り余る愛情の注ぎ方に迷うお母さんに早く読んでもらいたいと思っています。両親の温かさと、思いやり、両親の成長と、人間的な大きさが子供の支えであり、希望です。

最後に、お母さんは子供にとっての太陽です。家族にとっての太陽です。

著者プロフィール

東 英明（あずま ひであき）

1944 年、大阪市生まれ
1962 年、大手工業ガスメーカーに入社
設計者として半導体関連設備の設計・施工監理業務、LNG 関連設備の設計・施工監理業務に携わる
また、種子島宇宙センター、角田宇宙センターにてロケット(H-I ロケット、H-II ロケット、H3 ロケット）関連設備の設計・施工監理業務に携わる
【国家資格】一級建築施工管理技士、一級管工事施工管理技士、第一種電気工事士、他

宝物を育てるお母さんと
悩み多き中高生のみなさんへ

2023年 9 月15日　初版第 1 刷発行

著　者　東 英明
発行者　瓜谷 綱延
発行所　株式会社文芸社
〒 160-0022　東京都新宿区新宿 1 − 10 − 1
電話　03-5369-3060（代表）
03-5369-2299（販売）

印刷所　株式会社エーヴィスシステムズ

ISBN978-4-286-24458-7